Hans-Ulrich Wittchen

Wenn Traurigkeit krank macht

Depressionen erkennen, behandeln und überwinden

Mosaik Verlag

Inhalt

4 **Vorwort und Leseanleitung**

6 **Normale Traurigkeit und Depression als Krankheit**
6 Was ist Traurigkeit?
10 Wenn Traurigkeit krank macht: Depression
16 Wann sprechen Fachleute von Depression als Krankheit?
17 Fragebogen: Haben Sie eine Depression?
18 Die verschiedenen Formen von Depression
23 Die Entstehung von Depressionen

29 **Auswege**
29 Was Sie allgemein über die Behandlung von Depressionen wissen sollten
34 Der Behandlungsverlauf
37 Die Behandlung mit Medikamenten
41 Die Behandlung mit Psychotherapie
47 Was Sie selbst tun können
51 Rückfallvorbeugung

Inhalt

53 **Vertiefende Informationen – auch für Angehörige, Partner und Freunde**

53 Wie die Medikamente wirken
62 Näheres zu den psychologischen Behandlungsverfahren
76 Was Sie als Angehöriger, Partner oder Freund tun können
80 Wie findet man einen geeigneten Therapeuten?

85 **Anhang**

85 Hilfen zur Tagesstrukturierung
90 Aufbauende und stärkende Aktivitäten
94 Zehn goldene Regeln zum Überwinden der Depression
95 Register

Vorwort und Leseanleitung

Depressionen sind eine ernste Erkrankung des ganzen Menschen. Sie verändern tiefgreifend den Stoffwechsel und viele wichtige Körperfunktionen. Gleichzeitig beeinflussen sie die Gedanken, Gefühle und Verhaltensweisen sowie die Reaktionen auf andere. Dennoch sind depressive Erkrankungen gut zu behandeln – besonders wenn sie frühzeitig erkannt werden.

Depressionen sind weitverbreitete Erkrankungen. Nahezu jeder fünfte Mensch leidet zumindest einmal im Verlauf seines Lebens über längere Zeit an einer Depression. Doch depressiv Erkrankte sprechen oft aus Scham und Unsicherheit nicht offen über ihr Leiden. Die Betroffenen ziehen sich zurück und bringen kaum noch die Kraft auf, mit anderen zu kommunizieren. Sie verstecken ihre Krankheit. Erschwerend kommt hinzu, daß die Umwelt Depressionen meist noch nicht als Krankheit ansieht, sondern als »Willensschwäche«, »Versagen«, »Mangel an Disziplin«, oder Depressionen als »seelischen Makel« abwertet.

Dieser Ratgeber informiert Sie über neue Erkenntnisse und verschiedene therapeutische Möglichkeiten, Depressionen zu überwinden. Vorgestellt wird die ganze Bandbreite der Behandlungsarten – von der medikamentösen Therapie bis hin zur Selbsthilfe. Den Betroffenen und ihren Angehörigen wird auf der Basis neuester wissenschaftlicher Erkenntnisse in leicht verständlicher Form geholfen,

- Depressionen frühzeitig zu erkennen;
- die Entstehungsursachen von depressiven Erkrankungen zu verstehen;
- als Betroffener und Angehöriger, Partner oder Freund mit Depressionen umzugehen;
- erfolgreiche Behandlungswege kennenzulernen.

Vorwort

Vor allem werden viele konkrete Vorschläge und Anregungen gegeben, was Sie selbst im Fall einer depressiven Erkrankung tun können.

Zunächst einige Hinweise zum Gebrauch dieses Ratgebers.
Das erste Kapitel *Normale Traurigkeit und Depression als Krankheit* liefert Ihnen die nötigen Hinweise, um rasch zu erkennen, ob Sie derzeit unter einer Depression leiden. Es gibt auch einen ersten Überblick, wie eine Depression entsteht. Selbst wenn Sie über wenig Kraft und Konzentration verfügen, werden Sie den Erläuterungen leicht folgen können.
Das zweite Kapitel *Auswege* informiert Sie über Therapien und die Möglichkeiten der Selbsthilfe.
Das dritte Kapitel *Vertiefende Informationen – auch für Angehörige, Partner und Freunde* behandelt ergänzend verschiedene Themen. Es erklärt, wie und warum Medikamente und Psychotherapien wirken und in welcher Weise Angehörige, Partner und Freunde helfen können. Da dieser Teil zudem die wissenschaftlichen Grundlagen detaillierter anspricht, wird er von vielen Menschen in der Depression als Überforderung empfunden. Lesen Sie dieses Kapitel also besser erst dann, wenn es Ihnen besser geht.

Wenn Sie derzeit depressiv sind, lesen Sie nur Kapitel 1 und 2

Ein Buch kann in der Regel nicht viel mehr erreichen, als aufzuklären. Es vermag aber gleichzeitig, Mut zu machen und Anregungen zu geben, und es kann Ihnen helfen zu erkennen, ob Sie tatsächlich an einer Depression leiden. Dieser Ratgeber ersetzt also keine Therapie! Er ist vielmehr dazu gedacht, eine Therapie zu unterstützen und Hilfen zur Selbsthilfe zu geben.

Mit den Firmen HEXAL AG/Neuro Hexal GmbH haben wir Förderer gefunden, die es uns ermöglichen, dieses Werk zu einem günstigen Preis anzubieten.

Kapitel 1

Normale Traurigkeit und Depression als Krankheit

Was ist Traurigkeit?

Gelegentliche Gefühle von Traurigkeit, Niedergeschlagenheit, Hoffnungslosigkeit, Freudlosigkeit und Interesselosigkeit – selbst bis hin zur Verzweiflung – sind an sich normal und keine Krankheit. Alle Menschen kennen derartige Stimmungen, denn sie gehören ebenso wie Freude, Zorn und Angst zu den grundlegenden menschlichen Erfahrungen und sind in unserem Organismus biologisch festgelegte natürliche Reaktionsformen. In einer *guten Mischung* sind sie Bestandteil eines erfüllten Lebens.

Gelegentliche Gefühle von Traurigkeit und Niedergeschlagenheit sind normal und keine Krankheit

Traurigkeit und Niedergeschlagenheit treten zum Beispiel dann auf, wenn wir erschütternden Erlebnissen ausgesetzt sind, die unsere Gefühle verletzen. Denken Sie einmal zurück an Situationen, in denen Sie eine berufliche Niederlage erlitten haben. Oder an die Trauergefühle, nachdem eine Ihnen nahestehende Person gestorben ist oder sich ein geliebter Partner von Ihnen getrennt hat. Niedergeschlagenheit und Verzweiflung können aber auch als Folge von lange andauernden Belastungen auftreten, Belastungen, von denen wir glauben, daß wir sie nicht mehr kontrollieren, bewältigen und lösen können – und die uns somit über lange Zeit überfordern.

Gefühle wie die Traurigkeit sind in der Regel *vorübergehende Zustände*. So kann es sein, daß Traurigkeit nur kurz, zum Beispiel wenige Stunden oder Tage, andauert. Die Stärke des Gefühls verändert sich dabei in der Regel, je nachdem, was gerade passiert und was wir tun. Für normale Traurigkeit haben wir fast immer eine Erklärung. Dieser einfache Zustand von Traurigkeit und Niedergeschlagenheit läßt sich

Normale Traurigkeit und Depression als Krankheit

auch unterbrechen, zum Beispiel durch Ablenkung und Zuspruch von anderen.

Alle Gefühle, so auch Traurigkeit und Niedergeschlagenheit, betreffen uns ganzheitlich. Sie sind verbunden mit vielfältigen Veränderungen unseres Körpers und Stoffwechsels und beinflussen unser Denken und Handeln.

Alle Emotionen sind mit vielfältigen Veränderungen des Körpers, des Stoffwechsels, der Gedanken und des Verhaltens verbunden

Wie äußert sich Traurigkeit?

- *Körperlich:* Wir haben weniger Energie, reagieren langsamer, leiden mehr unter Schmerzen. Wir ermüden leichter und schlafen schlechter. Selbst das Lieblingsessen schmeckt uns nicht mehr. Gleichzeitig kommt es zu entsprechenden Veränderungen in Gehirn und Körper, das heißt, der Stoffwechsel verändert sich.
- *Verhalten:* Wir neigen dazu, uns zurückzuziehen. Wir unternehmen weniger mit anderen und sind nicht so belastbar und leistungsfähig wie sonst.
- *Gedanken:* Wir sehen viele Dinge schwarz. Es fällt uns schwer, von der Zukunft Positives zu erwarten; wir sind pessimistisch. Wir haben vielleicht auch Schwierigkeiten, uns auf bestimmte Tätigkeiten zu konzentrieren, Entscheidungen zu treffen und Alltagsprobleme zu lösen. Auch unser Selbstvertrauen und unser Selbstwertgefühl sind schlechter als sonst.

Jeder Mensch hat seine eigene Art, mit Traurigkeit umzugehen

Menschen unterscheiden sich aber erheblich in der Art und Weise voneinander, wie sie depressive Gefühle erleben und damit umgehen. Das liegt daran, daß jeder Mensch seine eigene unverwechselbare Entwicklungsgeschichte und Persönlichkeit hat.

Alle Menschen lernen im Verlauf ihres Lebens – mehr oder minder erfolgreich –, mit Enttäuschung, Verlusten sowie negativen Gefühlen umzugehen. Einige ziehen sich in solchen Situationen ganz zurück und versuchen, in der Abgeschiedenheit einen Ausweg zu finden. Andere lenken sich durch vielfältige Aktivitäten ab oder bauen eine Art »Fassade« auf. Wieder andere drücken ihre Gefühle offen aus und sprechen mit engen Freunden darüber. Das heißt, jeder Mensch wird

Was ist Traurigkeit?

aufgrund seiner Persönlichkeit und Lebensgeschichte anders auf Traurigkeit reagieren.
Von Mensch zu Mensch unterschiedlich sind auch die Gründe für Traurigkeit und Niedergeschlagenheit. Sie sind ebenfalls abhängig von der jeweiligen Lebensgeschichte und Persönlichkeit. Darüber hinaus können sich auch die aktuelle Lebenssituation und das augenblickliche körperlichen Befinden darauf auswirken, ob eine Situation tiefe Traurigkeit auslöst. Bestimmte Ereignisse – zum Beispiel der Verlust einer geliebten Person – sind fast für jeden Menschen extrem belastend und rufen Gefühle der Traurigkeit hervor. Dies gilt auch für die plötzliche, unerwartete Konfrontation mit eigenen schwerwiegenden Erkrankungen oder mit der Erkrankung einer nahestehenden Person. Andere Ereignisse, etwa ein Umzug in eine neue Umgebung ohne die vertrauten Freunde und Bekannten oder eine berufliche Veränderung oder Enttäuschung, lösen nur bei manchen Menschen tiefergehende Gefühle der Traurigkeit, Niedergeschlagenheit und Verzweiflung aus, zum Beispiel dann, wenn sie allgemein leicht verletzbar und empfindlich sind oder sich in bestimmten Krisensituationen befinden.
Menschen lassen sich aufgrund ihrer Persönlichkeit und ihres körperlichen Stoffwechsels danach unterscheiden, ob sie dazu neigen, das Leben optimistisch und positiv oder pessimistisch und negativ gefärbt zu erleben. Wir sprechen im letzten Fall auch oft von einer depressiven Persönlichkeit oder von depressiven Charakterzügen.

Wann und aus welchem Anlaß Traurigkeit empfunden wird, hängt sowohl von der Persönlichkeit als auch von der momentanen körperlichen und seelischen Verfassung ab

Normale Traurigkeit und Depression als Krankheit

Wenn Traurigkeit krank macht: Depression

Bei einer depressiven Erkrankung ist die Bewältigung selbst alltäglicher Aufgaben oft nicht möglich

Depression als Krankheit kann man nicht einfach ausschalten, überspielen oder verdrängen. Krankhafte Depressionen verändern die Gedanken, Gefühle, Verhaltensweisen und die körperlichen Vorgänge massiver und nachhaltiger als ein vorübergehendes Gefühl der Traurigkeit. In einer Depression ist eine normale Lebensführung oft überhaupt nicht mehr möglich, oder es gelingt den Betroffenen nur noch unter größten Anstrengungen, im Alltag zurechtzukommen. Es bereitet Schwierigkeiten, in einfachsten Situationen eine Entscheidung zu treffen. Die Lebensfreude versiegt; selbst leichte Hausarbeiten oder berufliche Routineaufgaben bleiben liegen und erscheinen unlösbar.

Bei manchen ist die Depression so schlimm, daß der oder die Betroffene gar nicht mehr aus dem Bett kommt und nichts mehr von der Außenwelt wissen will. Manchmal entsteht sogar der Wunsch zu sterben. Man sieht alles schwarz – viel schwärzer als es in Wirklichkeit ist – und hat keine Hoffnung mehr. Zuweilen ist es gar nicht mehr möglich, Gefühle zu empfinden; eine »Gefühllosigkeit« oder innere Leere kann dann die Oberhand gewinnen.

In der Depression sehen wir alles schwarz

Auch körperlich verändert sich alles in einer vorher unbekannten Weise. Man hat keinen Appetit mehr, verliert Gewicht, schläft nicht mehr wie sonst und fühlt sich ohne Kraft und Energie.

Zwei Beispiele verdeutlichen die Veränderungen, die mit der Entstehung von Depressionen verbunden sind.

Depressionen schränken das soziale Leben ein und können sogar einen vollständigen Rückzug bewirken

Frau L., 18 Jahre, kommt über ihre Hausärztin in unsere Ambulanz und erzählt: »Ich kann mich jetzt schon seit Wochen zu nichts mehr aufraffen. Ich bin immer müde und abgeschlagen. Alles erscheint mir so sinnlos; nichts macht mir mehr Freude. Selbst zusammen mit meinen Freunden zum Sport zu gehen, was für mich immer das Schönste und Wichtigste war, macht mir keinen Spaß mehr. Irgendwie bin ich wie leer.« Am liebsten

Wenn Traurigkeit krank macht: Depression

würde Frau L. nur im Bett liegen bleiben und die Decke über den Kopf ziehen. Doch abends kann sie kaum einschlafen. Auch liegt sie nachts oft stundenlang wach und grübelt vor sich hin. Begonnen hat die Niedergeschlagenheit langsam und kaum merklich in ihrer Abiturzeit vor drei Monaten. Bei den Prüfungsvorbereitungen hat sie erstmals zeitweilig große Schwierigkeiten gehabt, bei der Sache zu bleiben, obwohl das Lernen ihr früher immer leichtfiel. Zwar hat sie das Abitur letztlich bestanden, aber größte Mühe gehabt, sich zu konzentrieren. Seit dieser Zeit fühlt sie sich nun immer häufiger innerlich unruhig; alle möglichen Gedanken gehen ihr dann durch den Kopf. An der Abiturfeier hat sie nicht teilgenommen, weil sie die fröhlichen Gesichter um sich herum nicht ertragen hätte: »Ehe ich anderen die Stimmung verderbe, gehe ich gar nicht erst hin!«
Seit dieser Zeit leidet Frau L. fast ohne Unterbrechung unter diesem depressiven Zustand. Selbst Alltagsentscheidungen, wie ein Buch oder die Zeitung zu lesen, bereiten ihr immer mehr Probleme: »Ich nehme das Buch und fange an zu lesen, aber nach ein paar Zeilen habe ich schon den Faden verloren und muß den Abschnitt noch einmal lesen. Immer wieder kommen mir Gedanken wie: Was soll das alles? Es ist doch alles sinnlos!« Wenn ihre Eltern sie aufmuntern wollen und an das Studium erinnern, denkt sie nur: »Ich schaffe das sowieso nicht. Wenn es um die Wurst geht, versage ich ja doch wieder.«
Frau L. verspürt jetzt an nichts mehr Interesse und sieht keine Lebensperspektive. Sie kommt sich wertlos vor und als Versager, und aus diesem Grund geht sie anderen Menschen so weit wie möglich aus dem Weg: »Irgendwie ist für mich alles aussichtslos.«

Herr B., 42 Jahre, ist verheiratet, hat zwei Kinder und beschreibt seine Ehe als glücklich. Nach seiner

Normale Traurigkeit und Depression als Krankheit

beruflichen Beförderung zum Gruppenleiter vor sechs Monaten wächst ihm die Verantwortung jedoch über den Kopf. Er berichtet, daß er selbst einfachste berufliche Aufgaben, zum Beispiel das Bestellen von neuem Material oder die Einsatzbesprechungen, einfach nicht mehr schafft. Obwohl er seine Arbeit seit 15 Jahren problemlos und bislang voll Freude gemacht hat, begann er vor zwei Monaten, immer wieder über einfachste Entscheidungen nachzugrübeln. Stundenlang sitzt er über den Unterlagen und Akten und kann sich weder konzentrieren noch zu einer Entscheidung durchringen. Dadurch wird der Berg unerledigter Arbeiten immer größer, und er hat das Gefühl, die Aktenstapel überhaupt nicht mehr abtragen zu können.

Wenn Traurigkeit krank macht: Depression

»Ist das so alles richtig? Mache ich keinen Fehler?« Diese Gedanken schießen ihm immer wieder durch den Kopf und lassen ihn auch zu Hause nicht in Ruhe. Obwohl es in finanzieller Hinsicht keine Probleme gibt, schleichen sich bei Herrn B. Gedanken ein, daß sein Leben gescheitert sei oder daß er seine Familie in den Abgrund treibe. Weder seine Frau noch seine Kinder können ihn aus dieser verzweifelten Stimmung herausreißen. Herr B. fühlt sich derart niedergedrückt und kraftlos, daß er arbeitsunfähig ist und sich zum ersten Mal in seinem Leben einige Tage krank gemeldet hat. Zwar versucht er immer wieder, sich aufzuraffen und sein Arbeitspensum zu bewältigen, mit seinen Kindern zu spielen oder mit seiner Frau zu reden, aber eigentlich ist seine Niedergeschlagenheit immer schlimmer geworden.

Herr B. berichtet, daß er sich nur noch ins Bett verkriechen möchte, weil er so gut wie keine Energie mehr habe, auch nur irgend etwas zu tun. Selbst seine Hobbys oder Filme und Reportagen im Fernsehen lenken ihn nicht mehr ab. Er kann auch nicht richtig schlafen, sondern döst die ganze Nacht halb im Wachzustand. Er hat außerdem deutlich an Gewicht verloren.

Herr B. erzählt, daß er jeden Tag daran denke, seinem Leben ein Ende zu setzen. Er glaubt nicht mehr daran, daß sich noch etwas an seinem Zustand ändert. Von diesen Selbstmordgedanken kommt er jedoch immer wieder ab, da er seine Frau und seine Kinder liebt und sie nicht im Stich lassen will.

Die beiden Beispiele verdeutlichen, daß Depression als Krankheit offensichtlich eine andere Qualität hat als die vorher beschriebene Traurigkeit und Niedergeschlagenheit. Zwar erscheinen manchmal gerade im Anfangsstadium der Erkrankung die Übergänge fließend, aber zumeist können Menschen, die an einer Depression leiden, gut zwischen normaler Traurigkeit und Depression als Krankheit unterscheiden.

Normale Traurigkeit und Depression als Krankheit

Ein Teufelskreis von depressiven Beschwerden läßt alles viel schwärzer sehen, als es in Wirklichkeit ist

Ein typisches Merkmal dieser beiden Beispiele wie auch aller anderen Fälle von Depressionen ist, daß die Betroffenen glauben, in einem Teufelskreis gefangen zu sein. Da der ganze Mensch – das heißt der Körper, die Gedanken, die Gefühle und das Verhalten – betroffen ist, dreht sich der depressiv Erkrankte bei dem Versuch auszubrechen wie im Kreis.

Die Abbildung auf Seite 15 zeigt uns den Weg in die Depression noch einmal am Beispiel von Frau L.

Es beginnt damit, daß sie sich bei den belastenden Abiturvorbereitungen müde und kraftlos fühlt und immer häufiger niedergeschlagen vor sich hin grübelt. Sie glaubt, daß sie sich nicht konzentrieren kann, es nicht schaffen wird und zwangsläufig versagen muß. Je mehr sie nun grübelt, um so weniger kann sie produktiv sein und ihr Arbeitspensum bewältigen. Dieser Beweis ihres Versagens verändert nun allgemein ihr Selbstwertgefühl. Sie zieht sich in der Folge immer mehr von Freunden und sozialen Aktivitäten zurück – und macht natürlich deshalb auch keine positiven, anregenden Erfahrungen mehr. Da sie sich energielos fühlt, geht sie auch nicht mehr zum Sport. Beides trägt noch mehr zu ihrer pessimistischen Stimmungslage bei. Sie ist davon überzeugt, daß sie nicht mehr aus der Depression herauskommt. Es könne ihr ja doch niemand mehr helfen, meint sie. Durch das Fehlen positiver Anregungen und Ablenkungen hat sie nun noch mehr Zeit zu grübeln und bleibt schließlich ganz im Bett. Sie ist also in einer negativen Sichtweise über sich selbst, die Gegenwart und die Zukunft gefangen.

Kraftlosigkeit und Resignation erscheinen plötzlich als Beweis, daß alles Handeln sinnlos ist. Energiemangel, Hoffnungslosigkeit und Passivität führen immer tiefer in die Depression

In der Folge wird sich Frau L. von der Umwelt gänzlich abschotten. Das vermehrte Grübeln hindert sie nun auch noch am Lesen und bei Alltagsentscheidungen. Der momentane Entschluß »Jetzt raffe ich mich auf und lese wenigstens in meinem Lieblingsbuch weiter!« wird sofort durch den Gedanken »Es hat ja doch keinen Sinn« abgelöst. Dabei fühlt sie sich erschöpft und ohne Energie. Doch nachts findet sie keine Ruhe.

Schließlich hat die Depression alle Lebensbereiche erfaßt und in den Augen von Frau L. alle Zukunftsperspektiven zerstört. Einmal gefaßte Entschlüsse, auch wenn sie noch so gewöhnliche Aktivitäten betreffen, werden sofort durch die körperliche Erschöpfung und das tiefe Gefühl, daß alles Handeln sinnlos ist, sabotiert. Aus dieser Resigna-

Wenn Traurigkeit krank macht: Depression

tion heraus kommt es zu keinen aktiven Handlungen. Dies wiederum wird als ein Beweis für die Ausweglosigkeit und Hoffnungslosigkeit der eigenen Situation gewertet, was die Depression nur noch verstärkt.

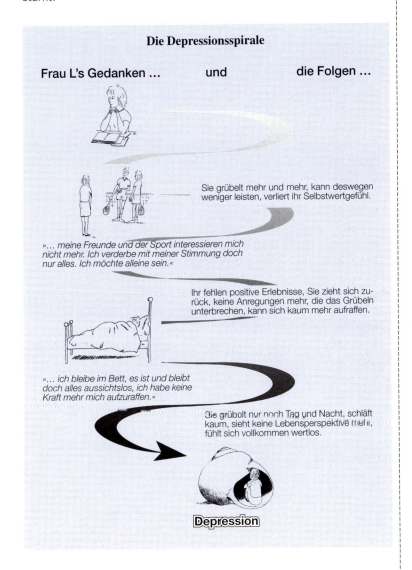

Normale Traurigkeit und Depression als Krankheit

Wann sprechen Fachleute von Depression als Krankheit?

Der Fachausdruck für eine Depression als Krankheit ist »Major Depression« oder »depressive Episode«

Von einer typischen Depression sprechen wir, wenn mehrere der folgenden Merkmale über einen Zeitraum von mehr als zwei Wochen fast ständig zu beobachten sind:
- Gefühle von Traurigkeit, Niedergeschlagenheit oder Hoffnungslosigkeit.
- Beständige Interesselosigkeit und Freudlosigkeit oder das Gefühl innerer Leere, selbst wenn positive Ereignisse eintreten.
- Körperliche Beschwerden wie schnelle Erschöpfung oder unerklärliche Müdigkeit.
- Appetitverlust oder Gewichtsverlust (seltener auch Appetit- oder Gewichtszunahme).
- Einschlafstörungen, Durchschlafstörungen und frühes Erwachen.
- Verlangsamung, lähmende Hemmung oder seltener quälende Unruhe, Angst und Erregung.
- Mangel oder Verlust von sexuellem Interesse.
- Merk- und Konzentrationsstörungen oder Schwierigkeiten, selbst alltägliche Entscheidungen zu treffen.
- Mangelndes Selbstwertgefühl und Selbstvertrauen, Selbstvorwürfe und -anklagen, Schuldgefühle.
- Gedanken an den Tod, bis hin zu Selbstmordgedanken.

Bei der Bewertung dieser Liste von Merkmalen, die auf eine typische Depression hindeuten, sollten Sie berücksichtigen, daß jeder Mensch seine eigene »Leidenssprache« hat. Vielfältigste andere Beschwerden werden ebenfalls von Patienten genannt, zum Beispiel Schmerzen, Magenprobleme, Empfindungsstörungen. Auch sie können Ausdruck und Begleiterscheinung einer Depression sein.

Die genannten Merkmale sind in den folgenden kurzen Fragebogen eingeflossen. Die Beantwortung der Fragen kann Ihnen einen ersten Anhaltspunkt geben, ob Sie möglicherweise unter einer typischen Depression leiden.

Fragebogen: Haben Sie eine Depression?

Fragebogen: Haben Sie eine Depression?

Dieser Fragebogen wurde vom Max-Planck-Institut für Psychiatrie in München für die Weltgesundheitsbehörde entwickelt. Der Test kann Betroffenen, Angehörigen und Ihrem Arzt helfen, eine Depression zu erkennen. Kreuzen Sie dazu bei jeder der folgenden Aussagen an, wie Sie sich in den letzten Wochen überwiegend gefühlt haben.

- Fühlen Sie sich fast durchgängig traurig, niedergeschlagen oder hoffnungslos?
  ○ Ja ○ Nein
- Haben Sie so gut wie jedes Interesse an fast allen Dingen verloren, empfinden Sie keine Freude mehr, zum Beispiel auch an Dingen, die Ihnen gewöhnlich Freude bereiten?   ○ Ja ○ Nein
- Haben Sie keinen Appetit mehr oder erheblich an Gewicht verloren? Schmeckt es Ihnen nicht mehr so wie früher?   ○ Ja ○ Nein
- Leiden Sie fast täglich unter Schlafstörungen (Einschlafstörungen, Durchschlafstörungen oder frühem Erwachen am Morgen)?   ○ Ja ○ Nein
- Sprechen und bewegen Sie sich langsamer als sonst? Oder leiden Sie im Gegenteil unter einer inneren Unruhe, so daß Sie nicht stillsitzen können, sondern auf- und abgehen müssen?   ○ Ja ○ Nein
- Hat sich Ihr sexuelles Verlangen vermindert, oder ist es gar nicht mehr vorhanden?
  ○ Ja ○ Nein
- Haben Sie kein Selbstvertrauen mehr? Fühlen Sie sich wertlos, oder machen Sie sich viele Selbstvorwürfe?   ○ Ja ○ Nein
- Haben Sie Schwierigkeiten, sich zu konzentrieren und sich Dinge zu merken, oder fallen Ihnen sogar ganz alltägliche Entscheidungen schwer?
  ○ Ja ○ Nein
- Denken Sie häufig über den Tod nach oder sogar daran, sich das Leben zu nehmen?
  ○ Ja ○ Nein

Auswertung
Zählen Sie alle Ja-Antworten zusammen. Bei mehr als vier Antworten mit Ja leiden Sie wahrscheinlich unter einer typischen Depression. Bitte bedenken Sie jedoch, daß die Auswertung des Fragebogens noch keine eindeutige Diagnose ist, diese kann nur ein psychologisch ausgebildeter Therapeut oder Arzt stellen.

Normale Traurigkeit und Depression als Krankheit

Die verschiedenen Formen von Depression

Obwohl wir im Alltagsleben immer von *der* Depression reden, unterscheiden wir als Therapeuten grundsätzlich verschiedene Arten depressiver Störungen.
Allen typischen Depressionen ist gemeinsam, daß zumindest vier der im Fragebogen angesprochenen Merkmale zutreffen. Dabei sind Art, Häufigkeit und Schwere der einzelnen Symptome von einem Patienten zum nächsten oft recht unterschiedlich. Auch das Ausmaß, in dem diese Symptome das alltägliche Leben beeinflussen, kann recht unterschiedlich sein
Ein ganz wichtiger Punkt ist: Depressionen können erfolgreich behandelt werden! Während wir vor zwanzig Jahren nur wenige erfolgversprechende Therapien für depressive Erkrankungen kannten, stehen uns heute viele verschiedene medikamentöse und psychologische Verfahren zur Verfügung. Doch stets ist der erste Schritt zur Besserung eine genaue Diagnostik.

Die verschiedenen Formen von Depression

Eine genaue Diagnostik – der erste Weg zur Besserung
- Feststellung der Art der Depression und des Schweregrads.
- Feststellung des Verlaufs der Erkrankung.
- Ausschluß anderer (zumeist körperlicher) Gründe, die für die Depression verantwortlich sein können.
- Auffindung der Ursachen und der konkreten Auslöser für Ihre Erkrankung.

Feststellung des Schweregrads der Depression

Bei der Diagnostik wird Ihr Therapeut über Befragung und Beobachtung und manchmal auch über einen Fragebogen feststellen, um welche Art der Depression es sich bei Ihnen handelt.

Wir beurteilen Depressionen zunächst nach dem Schweregrad (das heißt nach der Art und Anzahl von Symptomen), nach ihrem Verlauf sowie dem Vorliegen anderer Erkrankungen. Dabei unterscheiden wir – wie die Tabelle »Arten der Depression« weiter hinten zeigt – zwischen leicht-, mittel- und schwergradigen Depressionen und danach, inwieweit bei Ihren Beschwerden körperliche Symptome wie Appetitstörungen und Schlafstörungen dominieren.

Die Einschätzung »leichtgradig«, »mittelgradig« oder »schwergradig« hat übrigens wenig mit dem von Ihnen empfundenen Ausmaß der Beschwerden und des Leidens zu tun. Wenn eine starke Betonung körperlicher Symptome (zum Beispiel Schlafstörungen, Appetitmangel und Gewichtsverlust) vorherrscht, wird dies als Zusatzmerkmal der Diagnose (»mit somatischen Merkmalen«) vermerkt.

Bei der Beurteilung der schwergradigen Depression wird sich Ihr Therapeut besonders an Tagesschwankungen, frühmorgendlichem Erwachen, gravierendem Gewichtsverlust und extremen Empfindungen der Gefühllosigkeit und Freudlosigkeit orientieren. Solche Depressionen können in manchen Fällen mit schwersten Schuldgefühlen und Selbstvorwürfen verknüpft sein; hierfür wird dann manchmal auch der Ausdruck »Depression mit psychotischen Merkmalen« verwendet. Dieser Begriff hat übrigens nichts mit dem Begriff »Psychose« zu tun, wie wir Experten ihn zum Beispiel bei einer Schizophrenie verwenden.

Endogene Depression oder Melancholie sind alte Bezeichnungen für eine schwergradige Depression

Normale Traurigkeit und Depression als Krankheit

Arten der Depression
Wir unterteilen Depression nach
1. Art und Anzahl der Symptome
- Leichtgradige Depression (mit oder ohne somatische Merkmale).
- Mittelgradige Depression (mit oder ohne somatische Merkmale).
- Schwergradige Depression (mit oder ohne sogenannte psychotische Merkmale.

2. Verlauf
- Einzelepisode einer Depression (= die erste und einzige Erkrankung dieser Art).
- Wiederkehrende (rezidivierende) Depression (= es gab schon früher einmal derartige Erkrankungen).
- Dysthymie (= in milderer Form geht es mir schon seit Jahren so).

3. Vorhandensein anderer Probleme, zum Beispiel
- Manie oder Bipolare Störung (= ich habe auch Zeiten mit übersteigerter Erregung und Hochstimmung, die Probleme verursachen).
- Anpassungsstörung mit depressiver Stimmung (= ich leide erst seit einigen Wochen unter depressiver Stimmung, die eindeutig nach einem einschneidenden Ereignis eintrat).
- Körperlich bedingte Depressionen (= meine Depression begann im Zusammenhang mit einer körperlichen Erkrankung oder der Einnahme eine Medikamentes).

Feststellung des Verlaufs der Erkrankung
Wenn Ihre jetzigen Depressionen oder deren Vorzeichen erst vor einigen Wochen oder Monaten zum ersten Mal aufgetreten sind und Sie noch nie zuvor unter einer Depression gelitten haben, sprechen wir von einer einzelnen depressiven Episode.

Sollten Sie aber bereits früher in Ihrem Leben schon einmal einige Wochen unter einem ähnlichen Zustand gelitten haben, nennen wir dies eine wiederkehrende oder auch rezidivierende Depression.

Die Art des Auftretens von depressiven Erkrankungen ist für den Therapieplan von größter Bedeutung. Sie zeigt uns als Therapeuten an, daß

Wiederkehrende Depressionen erfordern zumeist eine andere Therapie als erstmalige Depressionen

Die verschiedenen Formen von Depression

wir eventuell auch nach dem vollständigen Abklingen des akuten Leidenszustands versuchen müssen, das neuerliche Auftreten depressiver Phasen zu verhindern.

Neben Patienten mit diesen »typisch« genannten Depressionen behandeln wir auch Personen, die unter lange andauernden depressiven Verstimmungen leiden, die nur einige der oben genannten Symptome aufweisen und die nicht das Vollbild einer Major Depression entwickeln. Wenn diese Form von immer wieder einmal auftauchenden depressiven Verstimmungen jahrelang andauert, nennen wir sie dysthyme Störungen. Früher wurde dieses Leiden auch als »neurotische Depression« bezeichnet.

Andere Depressionen

Bei der Befragung wird Ihr Therapeut prüfen, ob Sie manchmal auch das Gegenteil von depressiven Verstimmungen erlebt haben, das heißt, ob Sie sich auch schon einmal tagelang ungewöhnlich überdreht, euphorisch, überaktiv, hochgestimmt, erregt oder reizbar fühlten. Derartige Phasen der Hochgestimmtheit bezeichnen wir auch als hypomanisch oder manisch. In diesen – allerdings selteneren – Fällen wird Ihr Arzt gegebenenfalls eine Bipolare Störung diagnostizieren. Früher wurde diese Erkrankung auch manisch-depressives Kranksein genannt.

Was ist, wenn es Ihnen zwar schlecht geht, Sie aber nicht an der oben genannten erforderlichen Anzahl von Symptomen leiden oder sich nicht seit Wochen fast ohne Unterbrechung depressiv fühlten? In der Regel sprechen wir in diesem Fall nicht von einer typischen Depression. Es kann dann sein, daß Sie sich entweder in einem frühen Anfangsstadium von Depression befinden oder an einer der vielen anderen depressiven Störungen leiden, die wir hier aus Platzgründen nicht ausführlich besprechen können. Zu diesen Störungen gehören die sogenannten *Anpassungsstörungen*. Dabei tritt eine depressive Stimmungslage in direktem Zusammenhang mit einem belastenden Lebensereignis auf, ohne daß sich das Vollbild einer typischen Depression entwickelt. Weitere, hier nicht ausführlich besprochene Depressionen sind die körperlich bedingten Depressionen.

> **In seltenen Fällen kann es sein, daß der Patient auch Phasen von absoluter Hochstimmung erlebt hat. Dann nennen wir dies eine Bipolare Störung**

Normale Traurigkeit und Depression als Krankheit

Depression – Was nun?

Nur Fachleute können entscheiden, ob und welche Art der Therapie erforderlich ist

Wann immer die Merkmale einer typischen Depression schon seit mehr als zwei Wochen fast durchgängig auf Sie zutreffen, ist eine Konsultation bei einem Psychiater, Nervenarzt oder einem klinischen Psychologen angezeigt. In der Regel kann Ihnen der Hausarzt entsprechende Behandlungshinweise geben und eine Überweisung veranlassen.

Darüber hinaus können Sie sich auch – wenn Sie eine unüberwindbare Barriere empfinden, zu einem Psychiater oder einem Psychologen zu gehen – von speziellen Diensten wie der Telefonseelsorge, der Arche oder Selbsthilfeorganisationen beraten lassen. So kann oft zumindest ein kleiner erster Anfang gemacht werden. Letztlich können jedoch nur Fachleute in einem persönlichen Gespräch verläßlich entscheiden, woran Sie konkret erkrankt sind, ob Sie dringend behandlungsbedürftig sind oder ob ein Warten auf spontane Besserung noch Aussicht auf Erfolg hat.

Achtung

Ohne zu zögern sollten Sie eine fachspezifische Hilfe aufsuchen, wenn Sie
- bereits seit Wochen fast unverändert depressiv und verzweifelt sind und durch gar nichts mehr eine zumindest leichte Besserung erleben und
- wenn Sie häufig über den Tod nachdenken oder daran denken, sich etwas anzutun.

Kontaktieren Sie in solchen Fällen direkt einen Facharzt (Nervenarzt oder Psychiater), Ihren Hausarzt oder einen der oben genannten telefonischen Notdienste.

Die Entstehung von Depressionen

Viele von Ihnen haben sich vielleicht schon die Frage gestellt, warum gerade Sie persönlich an einer Depression erkrankten. Wir wissen inzwischen, daß die verschiedenen Formen von Depressionen auf sehr unterschiedlichen Wegen zustande kommen.

Wie kommt es zu Depressionen? Häufige Aussagen Betroffener:
- Ich habe etwas Schlimmes erlebt.
- Ich habe ein belastendes Leben oder ein schlimmes Ereignis hinter mir.
- Ich bin körperlich krank.
- Es wird mir alles zuviel, ich halte das nicht mehr aus.
- Das habe ich von meinen Eltern (durch Erziehung, Vererbung, Veranlagung).
- Zu bestimmten Jahreszeiten geht es mir immer schlecht.
- Ich nehme bestimmte Medikamente.

Aus der neuen Forschung wissen wir inzwischen, daß *fast nie ein einzelner Faktor* zum Ausbruch einer Depression führt. Es müssen immer verschiedene Dinge zusammenkommen. Die Abbildung auf Seite 24 zeigt Ihnen, daß wir bei jeder Person aufgrund von biologischen Faktoren, familiären Faktoren und Erziehung sowie Verlusterfahrungen in der Krankheit eine *unterschiedliche Erkrankungsanfälligkeit* finden. Diese Krankheitsanfälligkeit (Vulnerabilität) wird immer dann mit einer bestimmten Wahrscheinlichkeit aktiviert, wenn Veränderungen im Leben passieren, die wie ein »Schlüssel ins Schloß« der angeborenen oder erworbenen Verletzlichkeiten passen. Solche Schlüsselereignisse müssen übrigens nicht unbedingt in Form erkennbarer Belastungen oder Verluste auftreten. Vielmehr können es auch manchmal im Körper unbemerkt ablaufende biologische beziehungsweise biochemische Prozesse sein.

Es gibt verschiedene Formen von Depression; eine genaue Diagnostik ist deshalb notwendig, bevor eine erfolgversprechende Behandlung gewählt werden kann

Normale Traurigkeit und Depression als Krankheit

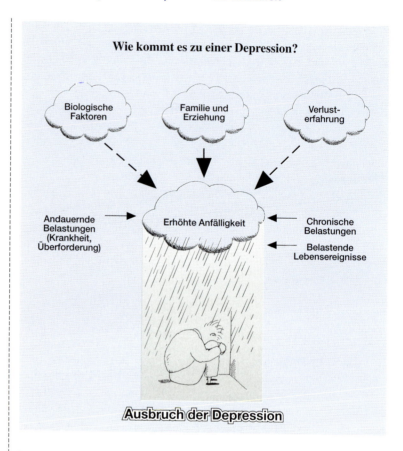

Die Bereitschaft, an einer Depression zu erkranken, kann sowohl geerbt als auch durch familiäre Erziehungsmuster erworben sein

Die Erkrankungsbereitschaft kann nach neueren Forschungsergebnissen vererbt werden (das heißt, Angehörige leiden auch unter dieser Erkrankung). Daneben ist es möglich, daß sie durch familiäre Erziehungsmuster erworben wurde. In beiden Fällen sprechen wir übrigens von einer genetischen Belastung.

Manchmal kann diese Verletzlichkeit eintreten, weil man als Kind in der Familie wiederholt Verlusterfahrungen, möglicherweise traumatischer Art, ausgesetzt war.

Andere relativ häufige Risikofaktoren sind ein familiäres und schulisches Umfeld, das nur wenig Möglichkeiten geboten hat, ein gutes und starkes Selbstwertgefühl zu entwickeln. Im Erwachsenenalter

Die Entstehung von Depressionen

können dann ähnliche Erlebnisse von Verlust oder Versagen diese Verletzlichkeit aktivieren und zum Ausbruch einer Depression führen.
Wir wissen inzwischen auch, daß bestimmte biologische Faktoren vor allem im Bereich des Stoffwechsels – sei es mit oder ohne offensichtliche körperliche Erkrankungen – von großer Bedeutung sind.
Depressionen betreffen neben dem übrigen körperlichen Stoffwechsel auch immer den Hirnstoffwechsel. Eine wichtige Rolle spielen dabei die Neurotransmitter. Diese Botenstoffe des Nervensystems sind für die Übermittlung aller Informationen im Körper und aus der Umwelt verantwortlich. Die am besten erforschten Botenstoffe sind das Serotonin und das Noradrenalin. Ist das Gleichgewicht dieser und anderer körpereigener Substanzen aufgrund angeborener Schwächen oder durch bestimmte akute oder chronische Belastungen gestört, kann es zu einer »Entgleisung« und damit zu einer Depression kommen. Vor allem die medikamentöse Therapie der Depression zielt unter anderem darauf ab, hier eine Normalisierung zu erreichen. (Siehe Seite 53 f.).

Die Unausgewogenheit von Botenstoffen des Nervensystems kann die Bereitschaft, an einer Depression zu erkranken, erhöhen

Das Aufspüren der Ursachen und konkreten Auslöser für Ihre Erkrankung

Ihr Arzt und Therapeut wird in eingehenden diagnostischen Untersuchungen und Gesprächen versuchen, die allgemeinen Ursachen und möglicherweise die konkreten Auslöser für Ihre Depression zu erfragen. Diese sind bei einigen Patienten offensichtlicher als bei anderen. Zu konkreten Auslösern gehören einschneidende Lebensereignisse, aber auch chronische, das heißt lange andauernde Belastungen. Unter einschneidenden Lebensereignissen verstehen wir für die Person überwältigende, bedrohliche Erlebnisse. Beispiele hierfür sind der Tod eines langjährigen Lebenspartners, vor allem wenn sonst kaum noch andere soziale Kontakte und Einbindungen bestehen, schwerwiegende Partner- und Ehekrisen oder auch die Nachricht, an einer lebensgefährlichen Krankheit zu leiden. Auslöser können zudem traumatische Ereignisse sein, wie zum Beispiel eine Gewalttat, eine Vergewaltigung oder schwere Unfälle und Katastrophen.
Manchmal handelt es sich auch um Ereignisse, die auf den ersten Blick weniger auffällig erscheinen, zum Beispiel im höheren Alter bei einer vereinsamten Person der Tod eines geliebten Haustieres, die Pensionierung oder der Wechsel in ein neues Heim.

Normale Traurigkeit und Depression als Krankheit

Alles Wissenswerte über Angsterkrankungen finden Sie in dem ebenfalls im Mosaik Verlag erschienenen Buch »Wenn Angst krank macht«

Weitere häufige Auslöser sind psychische oder körperliche Störungen, die den Betroffenen über Jahre hinweg belasten und demoralisieren. Hierzu gehören neben chronischen Schmerzen vor allem langjährige Angsterkrankungen wie zum Beispiel die Panikstörung, eine sogenannte Generalisierte Angststörung oder Phobien.

Häufige Mitauslöser für Depressionen sind:
- Todesfälle
- Ehe und Beziehungsprobleme
- Vereinsamung
- Arbeitslosigkeit
- Probleme am Arbeitsplatz
- langanhaltende Belastungen oder Überlastung
- Verlust von Beziehungen (zum Beispiel durch Umzug)
- allgemeine Ängste
- bestimmte Angsterkrankungen
- Alkoholabhängigkeit
- körperliche Erkrankungen

Es ist jedoch auch wichtig, darauf hinzuweisen, daß bei manchen Patienten der konkrete Auslöser oder Anlaß zunächst im dunkeln bleibt. Dies gilt vor allem für Patienten, die sozusagen über Nacht erkranken und vollkommen ratlos und hilflos ihrem plötzlichen Leiden gegenüberstehen. Manchmal entwickeln sich Depressionen auch langsam über viele Wochen hinweg, bis das Vollbild eintritt. So bemerken viele Patienten zuerst eine Veränderung des Schlafes, einen Verlust des Antriebs und schnelle Erschöpfung. Später treten dann Appetitstörungen und eine Neigung zum Grübeln auf. In diesen Fällen gehen viele Betroffene primär wegen ihrer Schlafstörungen und ihrer Erschöpfung zum Hausarzt und werden wegen »vegetativer Dystonie« oder Erschöpfungssyndromen behandelt, ohne daß man die Depression erkennt.
Die Suche nach den Auslösern und Ursachen einer Depression ist in der Regel langwierig und Teil einer umfassenden Therapie. In einem akut depressiven Leidenszustand ist diese Suche – wie schon gesagt –

Die Entstehung von Depressionen

oft wenig ergiebig oder kann für den Betroffenen zu belastend sein. Deshalb wird sich Ihr Arzt und Therapeut möglicherweise am Anfang zumeist auf einige wenige Fragen beschränken und erst einmal mit verschiedenen Methoden versuchen, Ihr akutes Leiden zu lindern. Erst nach einer gewissen Stabilisierung durch eine Therapie wird er sich mit einer genaueren Aufklärung der Zusammenhänge beschäftigen.

Am Beginn der Therapie wird alles getan, um das akute Leiden zu lindern. Erst danach geht es um die detaillierte Untersuchung der individuellen Entstehungszusammenhänge der Depression

Körperliche Ursachen für eine Depression

Es gibt eine Reihe von körperlichen Erkrankungen, die eine Depression auslösen können:

- Neurologische Erkrankungen: Demenz, Epilepsie, Multiple Sklerose, AIDS, Hirntumore, Morbus Parkinson, zerebrale Durchblutungsstörungen.
- Endokrine Erkrankungen: Schilddrüsenerkrankungen, Morbus Cushing, Morbus Addison und andere.
- Infektionskrankheiten: Tuberkulose, AIDS, Lungenentzündung und andere.
- Erkrankungen der inneren Organe: Herz-Kreislauf-Erkrankungen, Nierenerkrankungen, Mangelkrankheiten (Vitamin- und Mineralstoffmangel).

Solche Depressionen werden auch »körperlich begründbare Depressionen« genannt.

Aber auch verschiedene *Medikamente*, die für andere Erkrankungen verschrieben werden, können eine Depression bewirken. Darunter fallen vor allem Mittel gegen Bluthochdruck und bestimmte Arzneien in der Krebsbehandlung. In all diesen Fällen muß in der Regel die auslösende Grunderkrankung behandelt beziehungsweise der Behandlungsplan verändert werden.

Die umfangreiche Liste der in Frage kommenden Krankheiten zeigt, daß die Diagnostik depressiver Störungen nicht einfach ist und unbedingt in die Hand eines Spezialisten gehört.

Kapitel 2

Auswege

Was Sie allgemein über die Behandlung von Depressionen wissen sollten

Depressionen sind Krankheiten, die gut und erfolgreich behandelt werden können. Sie klingen bei geeigneter Behandlung in der überwiegenden Mehrzahl innerhalb von Wochen oder wenigen Monaten wieder ab. Allerdings gibt es keinen schnellen Weg aus der Depression – über Nacht werden Depressionen nur selten bewältigt! Unabhängig davon, für welchen der im folgenden beschriebenen Wege Sie sich entscheiden werden, es wird stets darauf ankommen, daß Sie sich klarmachen, daß die Heilung immer nur in *kleinen Schritten* kommt. Unabhängig vom eigentlichen Auslöser und Ihrer Krankheitsanfälligkeit, kommt es jetzt, solange Sie noch in der Depression stecken, darauf an, die Depression *aktuell* zu bewältigen. Das heißt, heute einen kleinen Neuanfang zu machen und ein Stück weit Lebensmut und Hoffnung zu schöpfen!

Viele Patienten haben uns bei der Entwicklung dieses Ratgebers gefragt, ob wir nicht hier zuerst über das schreiben können, was man selbst oder mit Hilfe von Freunden und Angehörigen an Besserung erreichen kann. Von sich aus etwas zu unternehmen ist dann angemessen, wenn die Depression noch nicht wochenlang fast unverändert andauert. Aber bedenken Sie unter Berücksichtigung des vorangehenden Kapitels, daß Depressionen sehr unterschiedliche Gründe, Anlässe und Risiken haben und oft auch durch andere Erkrankungen bedingt sind. Ein derartiger Selbstbehandlungsversuch ohne eine sichere Diagnose würde dann vielleicht sogar lebensbedrohlichen Verlust an Zeit bedeuten.

Depressionen können gut und erfolgreich mit verschiedenen Methoden behandelt werden

Was Sie über die Behandlung von Depressionen wissen sollten

Fünf Schritte aus der Depression
1. Hilfe bei Fachleuten suchen

Wann immer die Merkmale einer typischen Depression schon seit mehr als zwei Wochen fast durchgängig auf Sie zutreffen und dazu geführt haben, daß Sie in Arbeit und Lebensführung massiv beeinträchtigt sind, sollten Sie zumindest ein Gespräch mit Fachleuten suchen. Fachleute sind Psychiater oder Nervenärzte oder auch Psychotherapeuten oder Klinische Psychologen. Ihr Hausarzt kann meistens entsprechende Behandlungshinweise geben und eine Überweisung veranlassen.

Wenn Sie eine unüberwindbare Barriere empfinden, zu einem Psychiater oder einem Psychologen zu gehen, können Sie sich zur Not auch bei speziellen Diensten wie der Telefonseelsorge, Beratungsstellen oder Selbsthilfeorganisationen Rat holen. So wird oft ein kleiner erster Anfang gemacht. Letztlich können jedoch nur Fachleute in einem persönlichen Gespräch verläßlich entscheiden, woran Sie konkret erkrankt sind, ob eine Behandlung dringend anzuraten ist oder ob ein Warten auf spontane Besserung ohne eine Behandlung noch Aussicht auf Erfolg hat.

Wenn es Ihnen zu schwer fällt, über Ihre Probleme mit Ihrem Hausarzt oder einem Psychologen zu sprechen, oder wenn es Ihnen schon so schlecht geht, daß Sie die Kraft für diesen Schritt gar nicht mehr aufbringen, bitten Sie Angehörige oder Freunde darum, Sie zu unterstützen und eventuell auch zu begleiten. Wichtig ist, daß Sie sich so früh wie möglich um professionelle Hilfe bemühen.

Überwinden Sie sich! Warten Sie nicht wochen- und monatelang darauf, daß die Depression von alleine vergeht

2. Eine sichere Diagnose einholen

Nur Fachärzte (Psychiater, Nervenärzte) und Klinische Psychologen sind dazu ausgebildet, eine genaue Diagnose der Depression zu stellen und Ihnen Behandlungswege vorzuschlagen. Der Nervenarzt (Psychiater) ist ein ausgebildeter Facharzt, der häufig auch eine psychotherapeutische Zusatzausbildung hat. Er wird die depressive Störung zumeist überwiegend mit Medikamenten behandeln. Ein Klinischer Psychologe ist ein Diplompsychologe mit einer Zusatzausbildung zum Beispiel in Verhaltenstherapie oder anderen psychotherapeutischen Verfahren. Beide arbeiten oft eng zusammen.

Auch manche Hausärzte können Ihnen bei diesem ersten Schritt wei-

Verstecken Sie sich nicht hinter den rein körperlichen Beschwerden der Depression in der Hoffnung, der Hausarzt würde Ihr wahres Leiden auch so erkennen

Auswege

terhelfen. Ihr Hausarzt arbeitet in der Regel mit qualifizierten Kollegen zusammen und kann entsprechende Überweisungen aussprechen oder Sie sogar, wenn nötig, in eine stationäre Behandlung einweisen. Haben Sie den Mut, Ihren Hausarzt auf Ihre Niedergeschlagenheit und Verzweiflung anzusprechen.

> **Achtung**
> Ohne zu zögern sollten Sie direkt einen Facharzt/eine Fachärztin (Nervenarzt oder Psychiater) oder mit Ihrem Hausarzt/Ihrer Hausärztin sprechen oder bei einem telefonischen Notdienst um Rat fragen, wenn Sie
> - bereits seit vielen Wochen fast unverändert depressiv und verzweifelt sind und
> - durch gar nichts mehr eine zumindest leichte Besserung erleben,
> - wenn Sie häufig über den Tod nachgrübeln oder daran denken, sich das Leben zu nehmen.

3. Wahl der Therapieform

Die Depressionstherapie verläuft in Stufen:
1. **Akutbehandlung**
2. **Übergangs- und Stabilisierungsphase**
3. **Rückfallverhütung**

Grundsätzlich gibt es bei depressiven Erkrankungen viele verschiedene Behandlungsmöglichkeiten. Bei der Auswahl der für Sie geeigneten Therapiestrategie spielt unter anderem Ihr Krankheitsstadium eine entscheidende Rolle. So sieht die Akutbehandlung bei einem besonders quälenden depressiven Zustand anders aus als eine Behandlung, in der es in erster Linie um die Verhinderung eines Rückfalls geht. Es kann sogar notwendig sein, daß Sie für einige Wochen stationär, das heißt in einer Klinik, behandelt werden müssen.

Die Behandlung von Depressionen dauert nur in Ausnahmefällen kurz. In der Regel ist zunächst eine mehrwöchige, zeitaufwendige, gelegentlich recht belastende Akutbehandlung notwendig. Belastend ist sie manchmal deswegen, weil alle Therapieverfahren erst nach einigen Wochen voll wirksam werden und im Fall der Einnahme von Medikamenten mit unangenehmen Begleiterscheinungen verbunden sind.

Die Akutbehandlung wird abgelöst von einer mehrwöchigen Übergangsphase und Stabilisierungsphase der Gesundung. Es geht jetzt

Was Sie über die Behandlung von Depressionen wissen sollten

darum – je nach Therapieverfahren unterschiedlich intensiv -, die eintretende Besserung zu festigen, zum Beispiel durch die Bearbeitung von alltäglichen und weiter zurückliegenden Problemen, durch Hilfestellungen zur Wiederaufnahme alltäglicher Aufgaben und durch den zusätzlichen Einsatz von therapeutischen Hilfestellungen. Ein zu früher Abbruch in dieser Behandlungsphase ist leider ein häufiger Schritt in einen Rückfall. Und schließlich wird – besonders wenn die aktuelle Depression nicht die erste Erkrankungsepisode war – auch eine spezifische Zusatzbehandlung eingesetzt, in der es um die Verhinderung weiterer Rückfälle geht.

Wer ist der richtige Arzt und Therapeut für mich?

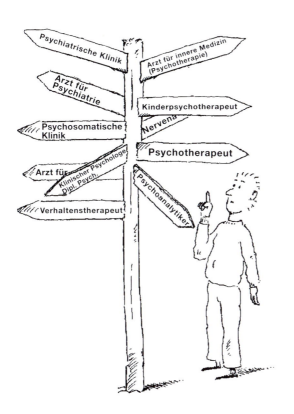

Auswege

Die Therapie durchzuhalten, auch wenn Schwierigkeiten auftauchen oder sich zunächst keine spürbaren Erfolge einstellen, ist eine der größten Herausforderungen. Doch wird das Durchhalten am Ende belohnt

4. Durchhalten der Therapie

Eine Behandlung von Depressionen braucht Zeit. Gerade wenn Sie schon länger unter Depressionen gelitten haben und sich viele Ihrer Lebensbereiche aufgrund der Depression veränderten, kann eine solche Behandlung viele Monate andauern. Vor allem im Anfangsstadium und in der Akutbehandlung fällt es vielen Betroffenen schwer, den einmal eingeschlagenen Weg nicht wieder abzubrechen. Durchhalten heißt, bei der Behandlung mit Medikamenten wie auch in der Psychotherapie unangenehme Begleiterscheinungen zu akzeptieren und nicht zu verzweifeln, wenn in der Therapie Probleme auftreten. Dies ist für viele Patienten besonders schwierig.

Aber auch dann, wenn schon eine deutliche Besserung eingetreten ist und Sie glauben, über den Berg zu sein, ist es wichtig, auf den Rat Ihres Arztes oder Psychologen zu hören und die Therapie – sei es die Einnahme von Medikamenten oder eine Reihe bestimmter psychotherapeutischer Aufgaben – über Monate hinweg fortzusetzen. Sonst kann es bald zu einem Rückfall kommen.

5. Rückfällen vorbeugen

Auch wenn alles so aussieht, als ob Sie von der Depression geheilt sind, muß die jeweilige Therapie noch über einen längeren Zeitraum fortgesetzt werden, um Rückfälle zu vermeiden

Depressionen können nach einiger Zeit wiederkehren; dies passiert bei ungefähr einem Drittel aller Patienten – zumeist etwa zwei Jahre nach der Genesung. Ein häufiger Grund für einen baldigen Rückfall ist das zu frühe Abbrechen der Therapie. Viele glauben bereits bei einer Besserung, daß sie es geschafft haben, und beenden die Therapie. Jedoch muß sowohl die medikamentöse Therapie als auch die Verhaltenstherapie in der Regel noch Monate nach dem ersten Behandlungserfolg beibehalten werden. Das heißt, daß Sie die Medikamente weiter in der alten Dosierung einnehmen. Aber auch in der Psychotherapie müssen die Übungen und Aufgaben alltäglich fortgesetzt werden, um zu gesunden.

Der Behandlungsverlauf

Machen Sie sich immer wieder klar, daß es verschiedene therapeutische Möglichkeiten gibt. Dieser Rat geht an alle, die vielleicht schon einmal schlechte oder unangenehme Erfahrungen mit psychiatrischen oder psychologischen Behandlungen gemacht haben. Sollte sich eine einmal

Der Behandlungsverlauf

gewählte Behandlungsstrategie nach einigen Wochen als nicht erfolgversprechend erweisen, so steht eine Reihe anderer Behandlungsmöglichkeiten zur Verfügung. Aber auch dieselbe Therapie kann aufgrund der unterschiedlichen Rahmenbedingungen zu einem Zeitpunkt einen Behandlungserfolg bringen, zu einer anderen Zeit aber versagen.

> Depressionen können mit verschiedenen Formen von Medikamenten und Psychotherapie behandelt werden. Darüber hinaus gibt es vielfältige Ergänzungen zur Therapie, die auf den individuellen Krankheitsfall zugeschnitten sind. Hierzu zählen unter anderem die Lichttherapie, die Schlafentzugsbehandlung und die Heilkrampftherapie. In diesem Ratgeber werden nur solche Verfahren besprochen, die wissenschaftlich gesichert sind und auch in der kassenärztlichen Versorgung über den Krankenschein abgerechnet werden können.

Stationäre Therapie

Depressionen können stationär und ambulant behandelt werden. Eine stationäre Therapie wird notwendig, wenn Ihre Depression so schwer ist, daß eine intensive Betreuung zumindest anfangs notwendig ist, wenn die Gefahr besteht, daß Ihre Gedanken, sich etwas anzutun, überhand nehmen, wenn bisherige ambulante Therapieversuche nur unzureichenden Erfolg gebracht haben oder Ihre aktuellen häuslichen Lebensumstände für Ihre Genesung außerordentlich ungünstig sind.

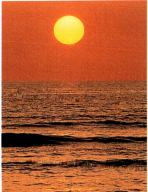

In einigen Städten besteht auch die Möglichkeit einer sogenannten tagesklinischen Behandlung. Das heißt, daß Sie den ganzen Tag über in der Klinik in Behandlung sind, aber abends nach Hause zurückkehren. Eine stationäre Behandlung wird über Ihren Hausarzt oder einen Facharzt veranlaßt. Sie wird in psychiatrischen Fachkrankenhäusern, Universitätskliniken oder verschiedenartigen psychotherapeutischen beziehungsweise psychosomatischen Kliniken durchgeführt.

Stationäre Behandlungen dauern in der Regel acht bis zehn Wochen, in manchen Kliniken einige Wochen länger. Ein Vorteil fast al-

Auswege

> Eine stationäre Behandlung dauert meist acht bis zehn Wochen

ler stationären Einrichtungen ist, daß verschiedene der im folgenden genannten Therapieverfahren kombiniert angewendet werden. Ein möglicher Nachteil ist, daß nach der Therapie der Übergang von der Klinik ins häusliche Umfeld oft sehr abrupt erfolgt, ohne daß bereits eine ambulante Weiterbetreuung zu Hause gesichert ist.

Ambulante Therapie

Die ambulante Therapie, sei es mit Medikamenten, Gesprächen oder mit psychotherapeutischen Verfahren, wird in der Praxis eines Arztes oder Psychologen oder in Ambulanzen durchgeführt. Dabei können die Dauer und Häufigkeit der einzelnen Sitzungen je nach Therapieverfahren, Ihrem Leidensdruck und dem Schweregrad Ihrer Erkrankung sehr unterschiedlich sein.

> Eine medikamentöse Behandlung schließt keineswegs eine gleichzeitige psychotherapeutische Behandlung beim selben Arzt oder bei einem örtlich getrennt arbeitenden Psychologen aus

In der medikamentösen Therapie haben Sie in der Regel ein- bis zweimal wöchentlich einen zwanzigminütigen Termin bei einem Nervenarzt oder Psychiater. Später wird die Häufigkeit auf eine Behandlung pro Woche oder alle vierzehn Tage verringert. Die Behandlungsdauer beträgt in der Regel drei Monate.

In der Psychotherapie hängt die Dauer der Therapie sehr von dem gewählten Verfahren ab. In der sogenannten tiefenpsychologischen und psychoanalytischen Therapie erstreckt sich die Behandlung oft über viele Monate, bei bis zu drei Terminen pro Woche. Dabei wird auch häufig die Einzeltherapie mit einer Gruppentherapie kombiniert.

In der Verhaltenstherapie, zu der auch die sogenannte Kognitive Therapie gehört, ist die Therapiedauer mit drei Monaten zumeist wesentlich kürzer. Auch hier werden oftmals Einzel- und Gruppentherapie kombiniert.

Zu betonen ist noch einmal, daß grundsätzlich eine medikamentöse Therapie mit einer Psychotherapie kombiniert werden kann.

Gespräche und ärztliche Untersuchungen

Unabhängig davon, welche Therapie bei Ihnen angezeigt ist, wird jede Behandlung auch ausführliche Gespräche über Ihre Gefühle und Ihr Empfinden mit einschließen. Für die Behandlung ist es wichtig, die möglichen Ursachen und Auslöser für die Depression herauszufinden und sich mit diesen dann zu befassen. Gerade dies fällt einem Patienten aber schwer, wenn er sich noch in einem sehr ausgeprägten Stadi-

Die Behandlung mit Medikamenten

um der Depression befindet. Deswegen werden gerade am Beginn einer Behandlung mit Antidepressiva die Gespräche zwar häufiger, aber möglicherweise relativ kurz sein. Dies gilt übrigens auch für das akute Stadium in der psychotherapeutischen Behandlung.
Eingangs wurde schon darauf hingewiesen, daß viele Depressionen auch durch körperliche Faktoren bedingt sein können. Aus diesem Grund wird möglicherweise bei Ihnen eine Reihe von weiteren medizinischen Untersuchungen notwendig sein, um die richtige Diagnose zu stellen

Die Behandlung mit Medikamenten

Es gibt viele verschiedene Medikamente, die bei einer diagnostizierten Depression eingesetzt werden können.
In der Regel erfolgt die Behandlung durch die Einnahme der sogenannten Antidepressiva. Mit ihrer Hilfe soll das gestörte Gleichgewicht von Botenstoffen im Gehirn wieder normalisiert werden. Bei diesen Medikamenten handelt es sich *nicht* um Beruhigungsmittel. Sie führen auch *nicht* zu einer Abhängigkeit. Die Antidepressiva helfen meist bei fast allen Formen der Erkrankung – unabhängig vom Anlaß und der derzeitigen Ausprägung.

Eine ausführlichere Beschreibung der Medikamente und ihrer Wirkung finden Sie ab Seite 53

Auswege

Die Antidepressiva (Trizyklische Antidepressiva und Serotonin-Wiederaufnahmehemmer)

Halten Sie sich mit Dosierung und Einnahmezeiten von Antidepressiva genau an die Vorgabe Ihres Arztes.

Die Wirkungsweise dieser Medikamente ist langsam, das heißt, Sie werden nicht gleich nach der Einnahme des Medikaments eine Verbesserung spüren. Im Gegenteil können manchmal zuerst unangenehme Begleiterscheinungen auftreten. Zu diesen Nebenwirkungen gehören Mundtrockenheit, Übelkeit, Schwindelgefühle und verschwommenes Sehen. Sie zeigen an, daß das Medikament wirkt. Deshalb ist es wichtig, trotzdem die Behandlung durchzuhalten. Erst wenn Sie zwei oder drei Wochen lang kontinuierlich die vorgeschriebene Dosis einnehmen, können die Wirksubstanzen der Antidepressiva zu einer Wiederherstellung des Gleichgewichts der Botenstoffe führen. Erst dann ist die Wahrscheinlichkeit groß, daß Sie sich weniger angespannt und weniger elend und durch depressive Gedanken weniger beeinträchtigt fühlen.

Da das Medikament erst nach etwa zwei bis drei Wochen wirkt, ist es wichtig, in dieser Zeit nicht den Mut und die Geduld zu verlieren. In manchen Fällen wird auch durch regelmäßige Blutuntersuchungen kontrolliert, ob die Medikamente bereits in einer wirksamen Menge im Blut vorhanden sind. Da jeder Mensch eine andere körperliche Ausstattung hat, kann bei manchen Patienten eine wesentlich höhere Dosis nötig sein, um die wirksame Menge im Blut zu erzielen.

Die anfänglich auftretenden unangenehmen Nebenwirkungen sind meist nicht schwerwiegend und verschwinden im Verlauf der Therapie; manchmal ist auch ein Wechsel des Präparats erforderlich

Oft ist es auch so, daß Sie selbst noch keine Veränderung spüren, Ihre Familie, Ihre Freunde und Ihr Arzt jedoch schon erste Zeichen der Besserung feststellen können. Für Sie persönlich ist es wichtig, die Medikamente so einzunehmen, wie es der Arzt vorschlägt, und nicht zu früh mit der Einnahme der Medikamente aufzuhören. Auf keinen Fall sollten Sie ohne Absprache mit dem behandelnden Arzt die Dosis verändern.

Wie jedes wirksame Medikament haben auch Antidepressiva unerwünschte Begleiterscheinungen. Sie sind in der Regel leichterer Natur und verschwinden im Verlauf der Therapie Schritt für Schritt. Sollten die Nebenwirkungen aber zu sehr stören und von Ihnen nicht zu ertragen sein, kann Ihr behandelnder Arzt gegebenenfalls die Dosierung verändern oder das zuerst gewählte Antidepressivum durch ein anderes ersetzen. Dies gilt übrigens auch, wenn nach mehreren Wochen der Therapie eine Besserung ausgeblieben ist oder sogar eine Verschlechterung der Symptome beobachtet wird.

Die Behandlung mit Medikamenten

Lithium
Lithium wird möglicherweise dann verschrieben, wenn Sie unter häufig wiederkehrenden depressiven Phasen leiden. Es findet auch als Dauerbehandlung zur Vorbeugung erneuter Krankheitsschübe Verwendung. Ein anderer Einsatzbereich sind die Bipolaren Erkrankungen, bei denen der Patient manische und depressive Phasen erlebt.

Andere Medikamente
Schlaf- und Beruhigungsmittel werden auch Tranquilizer und Hypnotika genannt. Ihre erwünschten Wirkungen sind Entspannung, Angstlösung, Schlaferleichterung, Muskelentspannung sowie Dämpfung des depressiven Erlebens. Sie werden bei manchen Patienten *zusätzlich* zur Verminderung quälender Schlafstörungen und Grübeleien eingesetzt. Hilfreich können sie auch bei Patienten sein, die unter einer stark ausgeprägten inneren Unruhe leiden. Grundsätzlich gilt jedoch, daß diese Mittel immer nur kurzzeitig eingesetzt werden – sie dienen in der Anfangszeit der Depressionstherapie als »Krücke« zur Überbrückung von Krisen.

Neuroleptika werden fast ausschließlich zur Behandlung depressiver Phasen mit psychotischen Merkmalen eingesetzt, wie zum Beispiel starken Schuldgefühlen oder der quälenden Vorstellung, sich schwer versündigt zu haben.

Allgemeine Grundregeln für die Therapie mit Medikamenten
- Nur ein Arzt kann entscheiden, welche Psychopharmaka Ihnen in einer bestimmten Situation helfen können.
- Nur ein Arzt kann gefahrlos ein Medikament durch ein anderes ersetzen beziehungsweise die Dosierung verändern. In manchen Fällen wird es aufgrund des Krankheitsverlaufs notwendig sein, auf ein neues Präparat umzusteigen oder die Dosis zu verändern. Dies ist aber kein Grund zur Beunruhigung.

Auswege

- Nehmen Sie die Medikamente genau nach ärztlicher Vorschrift ein. Es gibt gute Gründe dafür, warum manche Präparate vor den Mahlzeiten, andere vor dem Schlafengehen usw. zu schlucken sind.
- Teilen Sie Ihrem Arzt sämtliche Wirkungen mit, die während der Einnahme eines Präparates auftreten. Nur der Arzt kann ihre Bedeutung beurteilen, die Dosierung ändern oder ein anderes Präparat verschreiben.
- Setzen Sie ein Medikament niemals von sich aus ab, selbst wenn Sie sich besser fühlen. Fragen Sie Ihren Arzt, ob der Zeitpunkt richtig ist, auf das Medikament zu verzichten oder es allmählich zu reduzieren.
- Sprechen Sie mit Ihrem Arzt, wenn Sie Bedenken in bezug auf ein Medikament haben. Sollten Sie mit den Antworten nicht zufrieden sein, dann bringen Sie Ihre Unzufriedenheit deutlich zum Ausdruck.
- Nehmen Sie nicht mehr als ein Präparat auf einmal, es sei denn, Ihr Arzt weiß davon und hat die Kombination gebilligt. Bedenken Sie, daß auch Alkohol eine Droge ist. Meiden Sie deshalb Alkohol, solange Sie Psychopharmaka nehmen. Teilen Sie es Ihrem Arzt mit, falls Sie rauchen, da Nikotin den Stoffwechsel mancher Arzneimittel verändern kann.
- Informieren Sie stets alle Ärzte und Zahnärzte, die Sie konsultieren, genau darüber, welche Medikamente Sie nehmen, einschließlich aller rezeptfreien Präparate. Teilen Sie dies von sich aus mit, auch ohne danach gefragt zu werden.
- Verwahren Sie alle Medikamente so, daß Kinder nicht an sie herankönnen.
- Falls Sie unter außergewöhnlich schweren Nebenwirkungen leiden, sei es in Form einer allergischen Reaktion oder aufgrund einer Überdosis, dann suchen Sie sofort die Notaufnahme eines Krankenhauses auf. Nehmen Sie die Packung mit, damit das Personal das Medikament schnell identifizieren und für eine geeignete Behandlung sorgen kann.

Die Behandlung mit Psychotherapie

Beratung und Gespräche

Parallel zur medikamentösen Therapie wird Ihr Arzt in der Regel mit Ihnen Gespräche führen und so versuchen, die Gründe für Ihre depressive Erkrankung besser herauszuarbeiten. Gleichzeitig wird er Sie ermutigen und Ihnen Hilfestellungen und Anregungen für die konkrete Alltagsplanung und die Aufnahme Ihrer normalen Aufgaben in Beruf und Haushalt vermitteln.

Ein wichtiger, die Genesung fördernder Aspekt in der ambulanten Behandlung mit Medikamenten sind die regelmäßigen Gesprächstermine. Auch wenn Sie den Eindruck gewinnen, daß die Gesprächsdauer oft zu kurz ist, haben diese Termine doch auch einen wichtigen Nebeneffekt: Ihr Leben bekommt gerade dann, wenn Sie vorher fast völlig arbeits- und leistungsunfähig waren, wieder Struktur.

Die Behandlung mit Psychotherapie

Die Verhaltenstherapie, eine Form der Psychotherapie, ist eine zweite, den Medikamenten in der Wirksamkeit gleichgestellte Behandlungsform. Allerdings setzt sie beim Patienten ein höheres Maß an Handlungsfähigkeit voraus, das bei schwergradigen Depressionen nicht immer gegeben ist. In solchen Fällen ist die Kombination mit Medikamenten oder gar eine stationäre Behandlung anzuraten. Auch wenn Selbstmordgedanken Sie quälen oder wenn Sie an einer wahnhaften Depression leiden, sollte eine medikamentöse Therapie, gegebenenfalls in einer Klinik, erwogen werden.

Ähnlich wie bei der medikamentösen Therapie gibt es bei der Psychotherapie sehr unterschiedliche Vorgehensweisen. Zu den wissenschaftlich gut erforschten und am häufigsten angewandten Methoden gehören verschiedene Formen von Verhaltenstherapie sowie in jüngerer Zeit auch die sogenannte Interpersonale Therapie, die allerdings noch nicht weit verbreitet ist. Tiefenpsychologisch fundierte Verfahren, zu denen auch die seltener angewandte Psychoanalyse gehört, werden eher im Anschluß an eine medikamentöse oder verhaltenstherapeutische Erstbehandlung in Frage kommen, nicht jedoch im Akutstadium der Depression.

Nur ergänzend und in Ausnahmefällen sind unserer Meinung nach alle anderen psychotherapeutischen Verfahren zu empfehlen, wie

Wirksame psychotherapeutische Behandlungen bei Depressionen sind die Verhaltenstherapie und tiefenpsychologische Verfahren. Nur in Ausnahmefällen greifen andere Psychotherapieverfahren wie Gesprächs- oder Gestalttherapie

Auswege

zum Beispiel die Gesprächstherapie, die Gestalttherapie, andere Verfahren der Humanistischen Psychologie sowie die familientherapeutischen Ansätze.

Verhaltenstherapie

Verhaltenstherapie hilft, die Ursachen zu erkennen (=Verhaltensanalyse) und mit verschiedenen Aufgaben und Übungen zu verändern

Verhaltenstherapeutische Verfahren sind neben der Gabe von Medikamenten die am weitesten verbreitete Behandlungsmethode bei Depressionen. Unter dem Begriff »Verhaltenstherapie« versteht man ein sehr breites Spektrum verschiedenster psychologischer Techniken. Der behandelnde Therapeut – zumeist ein Klinischer Psychologe – wird diese aufgrund einer vorbereitenden Verhaltensanalyse für Ihren konkreten Fall auswählen und auf Ihre speziellen Bedürfnisse zuschneiden.

Eine Verhaltenstherapie läuft in fünf Stufen ab:
1. Verhaltens- und Bedingungsanalyse
2. Aktivierung und Tagesstrukturierung
3. Aufdeckung von Denkmustern und Einstellungen
4. Aufarbeiten von Defiziten
5. Rückfallvorbeugung

1. *Verhaltensanalyse:* Alle verhaltenstherapeutischen Methoden zur Depressionsbehandlung basieren auf vorherigen Gesprächen. In diesen Gesprächen wird für den einzelnen Patienten in wenigen Sitzungen geklärt, welche seiner Eigenschaften, welche Ereignisse und Lebensbedingungen die Symptome ausgelöst haben. Ganz wichtig ist auch die Klärung, aufgrund welcher Bedingungen die Depressionen aktuell bestehen und sich fortsetzen. Dieses Verfahren, das sich über etwa fünf Behandlungssitzungen von je etwa einer Stunde hinzieht, wird Verhaltensanalyse genannt. Eine wichtige Hilfe können dabei sogenannte Selbstbeobachtungsverfahren sein, zum Beispiel das Führen eines Depressionstagebuches. In einem solchen Tagebuch schreiben Sie Ihre alltäglichen Aktivitäten nieder, zusammen mit einer Beurteilung Ihrer Stimmung. So findet man bereits früh in der Therapie heraus, welche Umstände und Situationen die Depression bessern und welche sie schlimmer werden lassen.

Die Behandlung mit Psychotherapie

2. *Aktivierung und Tagesstrukturierung:* Eine Verhaltenstherapie bezieht alle Bereiche ein, die von der Depression betroffen sind: Ihren Körper, Ihre Gedanken und Gefühle sowie alles, was Sie allein oder mit anderen tun. In dieser zweiten Stufe wird Ihr Therapeut meist versuchen, Ihren Tagesablauf zu strukturieren und Sie zu verschiedenen Tätigkeiten zu ermuntern. Er wird Ihnen mit unterschiedlichen Methoden Anregungen geben und Aufgaben stellen, die dazu führen, daß Sie körperlich aktiver werden. Sie werden durch seine Hilfe mit einer wachsenden Zahl von alltäglich wichtigen Tätigkeiten beschäftigt sein, die von Ihnen mit der Zeit auch als angenehm empfundenen werden. Wie Sie bereits vorher gelesen haben, hängen die bei der Depression auftretenden körperlichen Veränderungen, Gedanken und Gefühle eng mit dem zusammen, was Sie gerade tun. Das bedeutet, daß die Niedergeschlagenheit und Bedrückung, die Sie empfinden, sowohl durch bestimmte Ereignisse und Ihr Verhalten im Alltagsleben als auch durch immer wieder auftretende negative Gedanken verschlimmert werden. Sie werden in der Therapie herausfinden, daß es sich dabei häufig um automatisch ablaufende Gedanken und »Selbstgespräche« handelt, die Ihre Stimmung ungünstig beeinflussen und die Depression verstärken. Mit Hilfe der Tagesstrukturierung und den prakti-

In der Regel ist durch eine gezielte Strukturierung des Tages mit verschiedenen Aktivitäten recht schnell eine Erleichterung und Besserung erzielbar. Diese Beschäftigungen vermitteln ein erstes kleines Erfolgserlebnis und ermutigen zum Weitermachen

Auswege

Der Therapeut/die Therapeutin stellt Ihnen praktische »Hausaufgaben«, damit Sie erkennen lernen, welche Gedankenmuster und Verhaltensweisen zur Verschlimmerung der Depression beitragen und welche Ihnen helfen, sich besser zu fühlen und Mut zu fassen

schen Übungen lernen Sie, Ihre Erfahrungen realitätsnäher zu bewerten. Diese Übungen geben Ihnen zudem Halt und Motivation.

3. *Ungünstige Einstellungen und Denkschemata, die für die Depression typisch sind, aufdecken:* Ihr Therapeut wird mit sogenannten kognitiven Übungen versuchen, Ihnen Ihre wenig hilfreichen Denkschemata deutlich zu machen, die bei der Entwicklung und Verstärkung einer Depression eine entscheidende Rolle spielen. Es geht dabei weniger um die Aufdeckung und Bearbeitung von weit zurückliegenden Ereignissen, Belastungen und frühkindlichen Traumata als vielmehr um die Bearbeitung Ihres jetzigen Denkens und Fühlens. Der Therapeut gibt Ihnen zu diesem Zweck Übungen auf. Sie bekommen zum Beispiel die Aufgabe, genau aufzuschreiben, welche Aktivität mit welcher Stimmung oder Emotion verbunden ist. Sie finden dadurch heraus, wie und wann sich Ihre Gefühle verändern und in welchen Situationen Sie eher mehr oder in welchen Sie eher weniger depressiv sind. Sie können dadurch lernen, bewußt solche Situationen und Aktivitäten zu wählen, die für Sie mit einer besseren Stimmung verbunden sind. Die Kognitive Therapie, eine Verhaltenstherapie, geht davon aus, daß in der Depression unser Denken über uns selbst, in bezug auf andere und über die Welt im allgemeinen negativ ist. Durch diese negative Wahrnehmung kommt es kaum noch zu einem angenehmen, stimulierenden Austausch mit der Umwelt, was den Betroffenen wiederum trauriger und deshalb noch hoffnungsloser und weniger aktiv werden läßt.

Übungen zum Training der Selbstsicherheit und des emotionalen Ausdrucks sowie das Erlernen von Techniken zur Streßbewältigung und Entspannungsmethoden ergänzen oft die Verhaltenstherapie

4. *Aufarbeitung von Defiziten:* Darüber hinaus berücksichtigt die Verhaltenstherapie aber auch viele andere Problembereiche, die möglicherweise weitgehend unabhängig von der Depression bestehen oder bestanden haben. So wird der Therapeut bei Patienten mit tiefgreifenden Problemen im Umgang mit anderen zum Beispiel Rollenspiele und Kommunikationsübungen anbieten, damit die Patienten erfahren und lernen, wie sie sich besser in andere einfühlen können. Aber auch gemeinsame Gespräche zwischen Therapeut, Patient und Lebenspartner, Übungen und Aufgaben zum besseren Umgang mit Alkohol und anderen Drogen oder das Einüben der Bewältigung von Schmerz und von Auswirkungen körperlicher Erkrankungen können zu einer Verhaltenstherapie der Depres-

Die Behandlung mit Psychotherapie

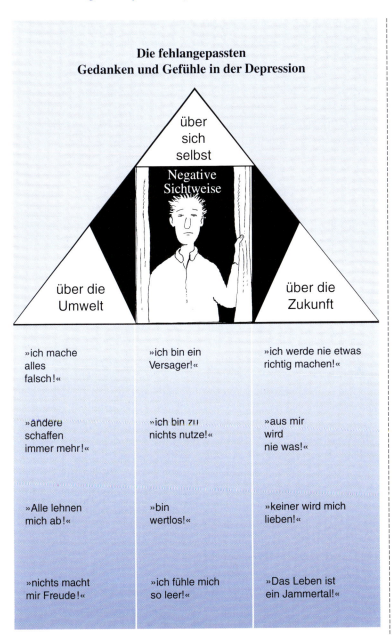

Die fehlangepassten Gedanken und Gefühle in der Depression

über sich selbst

Negative Sichtweise

über die Umwelt

über die Zukunft

»ich mache alles falsch!«

»ich bin ein Versager!«

»ich werde nie etwas richtig machen!«

»andere schaffen immer mehr!«

»ich bin zu nichts nutze!«

»aus mir wird nie was!«

»Alle lehnen mich ab!«

»bin wertlos!«

»keiner wird mich lieben!«

»nichts macht mir Freude!«

»ich fühle mich so leer!«

»Das Leben ist ein Jammertal!«

Auswege

sion gehören. Besonders gegen Ende der Therapie werden hier allgemeine und die gesamte Lebensführung betreffende Bereiche berücksichtigt.

5. *Rückfallvorbeugung:* Den Abschluß einer Verhaltenstherapie bildet immer die Rückfallvorbeugung. Hier wird der Therapeut mit Ihnen besprechen, an welchen Merkmalen Sie frühzeitig einen drohenden Rückfall erkennen können und wie Sie langfristig durch kognitive Übungen, Tagesstrukturierung und Verhaltensregeln eine neuerliche depressive Phase verhindern können.

Am Beginn einer erfolgreichen Verhaltenstherapie kann die Verschreibung von Medikamenten stehen, um die nötige Kraft und Stabilität zu bekommen

Bitte bedenken Sie abschließend, daß Verhaltenstherapie und medikamentöse Therapie keine Gegensätze sind. Beide Verfahren lassen sich im Gegenteil gut kombinieren. Die Medikamente helfen Ihnen dabei, aus Ihrem aktuellen Tief herauszukommen, und stabilisieren Sie emotional so weit, daß Sie mit einer psychologischen Therapie beginnen können. In der Psychotherapie geht es mehr darum, die für Sie wichtigen Lebensereignisse einzubeziehen. Die Verhaltenstherapie zielt darauf ab, Ihnen Mittel an die Hand zu geben, wie Sie Ihre Probleme aktuell und langfristig so lösen können, daß Sie aus Ihrer Depression herauskommen und keinen Rückfall mehr erleiden.

Tiefenpsychologische Verfahren

Hauptziel einer tiefenpsychologisch orientierten Therapie ist es, über Gespräche die Verbindungen zwischen individueller Lebensgeschichte und Entstehung der Depression zu erhellen und zu bearbeiten. Berücksichtigt wird dabei die Gesamtentwicklung der Persönlichkeit. Dazu wird auch versucht, die frühe Kindheit und Jugend zu durchleuchten. Außerdem werden »kränkende« Schlüsselereignisse und chronische Belastungen in bestehenden Beziehungen zur Sprache gebracht, um die jetzige depressive Reaktion verstehen zu können.

Beispiele für Persönlichkeitsmerkmale, die leicht in die Depression führen, sind die Neigung zu Perfektionismus oder überzogene Leistungsorientiertheit, also das Streben nach hochgesteckten Zielen, an denen man leicht scheitern kann.

Psychoanalytische Therapien sind ähnlich wie die oben besprochenen verhaltenstherapeutischen Verfahren keine homogene Gruppe. Vielmehr unterscheiden sich die Vorgehensweisen von Therapeut zu The-

Was Sie selbst tun können

rapeut außerordentlich. Alle Verfahren gehen aber davon aus, daß Depressive ein hohes Bedürfnis nach Zuwendung haben, eine erhöhte Verletzlichkeit des Selbstwertgefühls aufweisen und die Tendenz zur Selbstentwertung in sich tragen. In bezug auf Beziehungen zu anderen ist eine zu enge Bindung mit der Unfähigkeit, sich zu trennen, kennzeichnend. In der Therapie wird also über die Gespräche mit dem Therapeuten versucht, früher verdrängte Gefühle aufzudecken, in der Therapie nachzuholen und neu zu lösen.

> Beachten Sie bitte: Wir empfehlen aufgrund wissenschaftlicher Untersuchungen in erster Linie die verhaltenstherapeutischen und die medikamentösen Verfahren zur Akutbehandlung von Depressionen. Tiefenpsychologische Verfahren – mit Ausnahme der in Deutschland allerdings noch selten eingesetzten Interpersonalen Therapie – sind aufgrund unserer Erfahrung eher nach dem Abklingen des Akutstadiums angezeigt.

Psychoanalytische Behandlungen werden von besonders ausgebildeten und speziell gekennzeichneten Psychotherapeuten in Einzel- und Gruppentherapie durchgeführt (Zusatzbezeichnung »Psychoanalyse« auf dem Arztschild). Die Behandlungen erstrecken sich oft über viele Monate und Jahre und erfordern zu Beginn ein spezielles Antragsverfahren.

Was Sie selbst tun können

Der Gang zum Hausarzt, zu einem Facharzt, Psychiater oder Psychotherapeuten kann häufig der erste Schritt zu einer Besserung der Depression und zu einer Lösung der Problematik sein. Gerade zu Beginn der Erkrankung kann dieser Kontakt relativ häufig (mehrmals pro Woche) stattfinden. Dabei können manchmal auch kurze Telefongespräche zur Überwindung quälender Gedanken, zur Stärkung des Selbstwertgefühls, aber auch bei Problemen im Umgang mit Medikamenten hilfreich sein.
Bedenken Sie jedoch bitte, daß der Weg aus Ihrer Erkrankung heraus immer in kleinen Schritten erfolgt und stark von Ihnen selbst abhängt.

Auswege

Auch der beste Therapeut kann Ihnen ohne Ihre Mithilfe und Selbstverantwortung keine Besserung vermitteln. Nehmen Sie sich deshalb nicht zuviel auf einmal vor, und versuchen Sie, Schritt für Schritt aus der Depression herauszukommen. Wichtig ist auch, die verschriebenen Medikamente genau nach Anweisung einzunehmen. Darüber hinaus gibt es einige allgemeine Hinweise, die sich im Umgang mit Depressionen bewährt haben und mit denen Sie sich selbst helfen können.

> **Zehn goldene Regeln zum Überwinden der Depression**
> 1. Setzen Sie sich grundsätzlich nur kleine, überschaubare Ziele!
> 2. Tun Sie möglichst Dinge, die Sie gut können und sicher bewältigen!
> 3. Erleben Sie auch das Erreichen kleiner Ziele als Erfolg!
> 4. Betätigen Sie sich körperlich! Bleiben Sie nicht im Bett! Stehen Sie soviel wie möglich auf!
> 5. Planen Sie im voraus jeden Tag möglichst genau (Stundenplan anlegen)!
> 6. Legen Sie eine Liste von eher angenehmen täglichen Routineaufgaben an, und arbeiten Sie diese im Stundenplan ab!
> 7. Nehmen Sie Ihre depressiven Gedanken nicht für bare Münze!
> 8. Bekämpfen Sie Ihre Neigung, sich zurückzuziehen! Unternehmen Sie etwas mit Freunden oder Angehörigen!
> 9. Ernähren Sie sich gesund!
> 10. Bemühen Sie sich um Hilfe bei Psychiatern oder Psychologen!

Überschaubare Ziele setzen

1. Ich setze mir nur kleine, einfache und überschaubare Ziele.
Zum Beispiel: gleich nach dem Aufwachen aufstehen, Termine beim Arzt einhalten, kleine Einkäufe machen, alltägliche Routineaufgaben erledigen. Nur so gelingt es, den Teufelskreis der Depression zu durchbrechen. Nur so lassen sich erste Erfolgserlebnisse erzielen.

**Leichte Aufgaben wählen
Erfolgserlebnisse registrieren**

2. Ich nehme nur Dinge in Angriff, die mir leicht von der Hand gehen.
In der Depression sind Sie nicht so leistungsfähig wie sonst, überfordern Sie sich deshalb nicht. Setzen Sie sich lieber ganz bewußt kleine leicht und sicher erreichbare Ziele. Loben Sie sich für alles, was

Was Sie selbst tun können

Sie noch können, anstatt sich für die Dinge, die im Augenblick nicht mehr gehen, zu bestrafen.
3. Ich bin auch auf kleine Fortschritte und Erfolgserlebnisse stolz. Die Mißerfolge vergesse ich (»Es ist die Depression, nicht mein Versagen«).
Fortschritte werden nur schrittweise erreicht. Vor allem zu Beginn der Therapie ist es entscheidend, daß Sie lernen, auch kleine Veränderungen als ersten Erfolg anzusehen.
4. Ich bleibe körperlich aktiv und fit. Den Tag verbringe ich nicht im Bett, auch wenn mir das Aufstehen schwerfällt.

Sehr ungünstig ist es, wenn Sie sich stark zurückziehen oder sich ganz nach außen abschotten. Versuchen Sie, auch wenn es Ihnen extrem schwerfällt, aus Ihrer Wohnung zu gehen. Jede noch so kleine körperliche Betätigung ist ein Erfolg. Beispiele: Gleich nach dem Aufwachen aufstehen, kleine notwendige Einkäufe erledigen, kleine Spaziergänge unternehmen, Fahrrad fahren. Sie werden merken, daß sich körperliche Betätigung auch auf Ihren Schlaf positiv auswirkt. Bleiben Sie nicht zuviel und zu lange im Bett. Versuchen Sie auch nicht, den Schlaf zu erzwingen. Stehen Sie bei Schlaflosigkeit lieber auf, statt im Bett zu grübeln. Lesen Sie, hören Sie Radio, oder schalten Sie den Fernseher ein. Sie brauchen nicht im Bett liegen zu bleiben; Ihr Körper entspannt sich auch im Sitzen.

Körperlich aktiv sein

5. Ich plane jeden Tag möglichst genau und lege einen Stundenplan an.
Gehen Sie bei der Planung Schritt für Schritt vor (siehe auch die Hinweise auf Seite 85 zum Tagebuch). Beginnen Sie mit kleinen Alltagsaktivitäten, und planen Sie zum Beispiel: 8.00 bis 8.10 Uhr Zeitunglesen oder: 10.00 bis 10.30 Uhr Wäschewaschen oder: 11.00 bis 11.45 Uhr Einkaufen fürs Abendessen mit Einkaufsliste usw. Halten Sie das festgelegte Programm jeweils strikt ein. Diese Strategie wird Ihnen helfen, von schmerzhaften Empfindungen Abstand zu gewinnen und sich weniger hilflos vorzukommen.

Stundenplan anlegen

6. Ich stelle eine Liste von leichten, angenehmen täglichen Aufgaben zusammen und erledige diese Aufgaben auch.
Legen Sie Ihren Tätigkeitsplan am besten immer am Vortag fest – möglichst zu einer Zeit, in der Sie sich ein wenig besser fühlen, denn in der tiefen Depression fällt Ihnen sicher nichts Konstruktives ein. Legen Sie sich eine Liste halbwegs angenehmer und leichter Aktivitä-

Aufgaben- und Tätigkeitsliste

49

Auswege

ten an. Das Durcharbeiten dieser Liste kann Ihnen viele Anregungen für die Tagesgestaltung geben. Wenn dann im Verlauf des Tages die Depression überhand nimmt, hilft der Tagesplan, sich Ziele zu setzen und aktiv zu bleiben.

Sich Mut machen

7. *Ich nehme depressive Gedanken nicht für bare Münze (»Es ist die Depression, die mich das denken läßt«).*
Diese Einstellung hilft Ihnen, schneller den Teufelskreis der negativen Gedanken und Gefühle zu durchbrechen.

Vertrauten einweihen

8. *Ich weihe einen Vertrauten ein und plane mit ihm kleine Unternehmungen; ich ziehe mich nicht zurück.*
Geben Sie einer Vertrauensperson diesen Ratgeber zu lesen, und weisen Sie sie vor allem auf das Kapitel »Was Sie als Angehöriger, Partner oder Freund tun können« hin.

Gesunde Ernährung

9. *Ich esse regelmäßig und gesunde Kost; ich trinke keinen Alkohol.*
Viele Menschen mit Depressionen leiden unter Gewichtsverlust und somit unter Mineral- und Vitaminmangel, was wiederum die Depression verstärken kann. Empfehlenswert sind im allgemeinen frisches Obst und Gemüse. Alkoholkonsum ist zu vermeiden. Alkohol kann zwar vorübergehend Ihre Sorgen erleichtern. Aber dies ist nur ein kurzzeitiger Effekt und keine Lösung. Alkohol schadet vielmehr der körperlichen Gesundheit. Sie werden sich nach dem Abklingen des Alkoholeffekts noch deprimierter fühlen und Schwierigkeiten haben, die richtige Unterstützung für Ihr Problem zu finden. Außerdem darf Alkohol auf keinen Fall zusammen mit Antidepressiva konsumiert werden, da sich sonst aufgrund der Wechselwirkungen unerwünschte körperliche und psychische Effekte einstellen können.

Professionelle Hilfe holen

10. *Ich hole mir Hilfe bei einem Psychiater oder Psychologen.*
Beachten Sie dazu die Hinweise auf Seite 80.

Führen Sie ein Tagebuch

Das Tagebuchführen ist eine wertvolle praktische Hilfe in der Behandlung von Depressionen. Sie werden sich zwar anfangs fragen: »Was soll das schon bringen? Ich habe doch sowieso keine Kraft – und jetzt noch soviel aufschreiben?« Aber Sie werden sehen, daß es Ihnen nach einigen Tagen keine Mühe mehr bereitet.

Die täglichen Eintragungen in Ihr Tagebuch haben drei Vorteile:

Rückfallvorbeugung

- Die Stimmungsbeurteilung dreimal am Tag hilft Ihnen (aber auch Ihrem Arzt oder Psychologen), den Genesungsverlauf besser zu erkennen – besonders wenn es nur langsam und schrittweise vorwärts geht. Die Eintragungen zu Schlafzeiten und Zeitpunkt des Aufstehens helfen darüber hinaus zu erkennen, wie Ihre Schlafstörungen gelindert werden können.
- Ihre Eintragungen lassen erkennen, wann im Tagesverlauf Sie halbwegs gute und wann besonders schlechte Zeiten haben – und vielleicht sogar, warum. Die besseren Zeiten sollten für kleine Aktivitäten genutzt werden, die Erfolgserlebnisse mit sich bringen.
- Ein genau festgelegter Tagesplan mit leichten Aktivitäten schützt Sie vor einer Verschlimmerung der Depression und beschleunigt den Heilungsverlauf. Sie persönlich bestimmen Ihr alltägliches Leben und nicht die Depression.

Die Anleitung für dieses Tagebuch finden Sie ab Seite 62 und im Anhang.

Rückfallvorbeugung

Eine Behandlung mit Antidepressiva erstreckt sich in der Regel über mindestens drei Monate. Die meisten Patienten müssen aber Ihre Medikamente auch nach dem Abklingen der Symptome für weitere sechs Monate oder noch länger einnehmen, um ihren Zustand zu stabilisieren und einem Rückfall vorzubeugen.

Eine Verhaltenstherapie erstreckt sich in der Regel über einen ähnlich langen Zeitraum. Bereits nach vier bis acht Wochen Therapie können Sie hier viele Verbesserungen feststellen. Langfristig gesehen wird es darauf ankommen, möglichst viele der Situationen und Bedingungen herauszufinden, die möglicherweise zu Ihrer Depression geführt haben. Deshalb beenden Sie Ihre Behandlung auch nach dem vollen Abklingen der Probleme nicht sofort. Gehen Sie weiter zu Ihrem Therapeuten, bis die Behandlung auch von seiner Seite zu einem befriedigenden Abschluß gekommen ist. Auf diese Weise können Sie eine mögliche weitere depressive Phase vermeiden.

Die Rückfallvorbeugung kann sowohl medikamentös als auch psychotherapeutisch erfolgen – oft wird beides kombiniert. Besonders wenn

Auswege

Sie bereits mehr als eine depressive Erkrankung durchgemacht haben oder Ihre Depression durch chronische Lebensbelastungen mit ausgelöst wurde, sind gezielte Vorbeugemaßnahmen unbedingt erforderlich, um keinen Rückfall zu erleiden.

Bei der medikamentösen Rückfallvorbeugung geht es zumeist darum, die Einnahme der verschriebenen Medikamente oft über Jahre hinweg fortzusetzen. Damit soll erreicht werden, daß sich Ihr Stoffwechsel so stabilisiert, daß Sie für neue Krankheitsphasen weniger anfällig sind. Meist werden zu diesem Zweck Antidepressiva oder Lithium verschrieben. Zusätzlich wird Ihr Arzt auch häufig unterstützende psychotherapeutische Gespräche mit Ihnen führen, um frühzeitig in Krisensituationen die Dosis erhöhen zu können und Ihnen Hilfen bei Alltagsproblemen anzubieten.

Häufig wird Ihnen auch dazu geraten, spezielle psychologische Programme zu besuchen, die darauf zugeschnitten sind, Rückfällen in die Depression vorzubeugen. Diese Programme sind in der Regel Teil einer kognitiv-verhaltenstherapeutischen Behandlung. Sie haben erstens zum Ziel, Ihnen Techniken zu vermitteln, die Ihnen den Umgang mit solchen Problemen erleichtern, die Ihre Depression hervorrufen oder am Leben halten. Zweitens lernen Sie, die Anzeichen einer neuen Depression frühzeitig zu erkennen.

Kapitel 3

Vertiefende Informationen – auch für Angehörige, Partner und Freunde

Wie die Medikamente wirken

Die Gabe von Medikamenten, das heißt die Therapie mit Antidepressiva, ist zusammen mit ärztlichen Gesprächen oder einer Psychotherapie eine bewährte Form der Behandlung bei allen Formen der Depression. Viele stellen sich jedoch die Frage, warum die Medikamente notwendig sind – würden sie nicht erst recht krank machen? Mit den folgenden Informationen wollen wir Ihnen genauer erklären, warum und wie Antidepressiva wirken.
Alle Vorgänge in unserem Körper sowie unser Denken, Fühlen und auch Handeln, werden von bestimmten Bereichen unseres Gehirns über biochemische Prozesse, insbesondere durch bestimmte Botenstoffe, beeinflußt. Dies gilt auch für unsere Wahrnehmung – also das, was wir hören, sehen und riechen. Die wissenschaftliche Forschung spricht in diesem Zusammenhang vom psychobiologischen Modell. Gemeint ist die fast unauflösbare Verschränkung und fortwährende Wechselbeziehung von seelischen, körperlichen und umweltbezogenen Faktoren. Das heißt, psychische Vorgänge – unser Denken und Fühlen – können sowohl unsere körpereigene Biochemie als auch unser Verhalten verändern; umgekehrt können körperliche Prozesse unser Denken, Fühlen und Handeln beeinflussen (siehe dazu die Abbildung auf Seite 24).
Eine Störung in der Regulation der Botenstoffe – eine der möglichen Ursachen für eine Depression – kann jederzeit durch verschiedenste Gründe ausgelöst werden. Dennoch erkrankt nicht jeder Mensch, bei dem diese biochemischen Prozesse ins Ungleichgewicht geraten sind,

Bestimmte Medikamente sind in der Lage, ins Ungleichgewicht geratene biochemische Prozesse im Gehirn, durch die eine Depression ausgelöst wurde, wieder auszubalancieren

Wie die Medikamente wirken

an einer Depression. Zum Ausbruch einer depressiven Erkrankung kommt es nur, wenn auch eine vererbte oder durch die eigene Lebensgeschichte bedingte Anfälligkeit besteht. Diese Anfälligkeit kann allerdings in einer angeborenen Labilität dieser Botenstoffe bestehen.

Übermittlung von Nervensignalen und Hirnstoffwechsel

Hirnforscher haben zahlreiche natürliche Substanzen, die sogenannten Neurotransmitter, identifiziert, die Botschaften zwischen den Nervenzellen weiterleiten. Überschuß oder Mangel an bestimmten dieser Substanzen werden mit Depressionen und anderen Formen psychischer Störungen in Verbindung gebracht. Überdies haben neue labortechnische Untersuchungen ergeben, daß bei manchen Menschen mit psychischen Störungen eine Veränderung des Gehirnstoffwechsels vorliegt.

Ein durchschnittliches Gehirn enthält etwa 100 Milliarden Neuronen oder Ganglienzellen. Jedes Neuron hat Dutzende von »Schwänzen«, die sogenannten Dendriten, die Botschaften von anderen Neuronen entgegennehmen. Jedes Neuron besitzt auch einen langen Fortsatz (das Axon beziehungsweise der Neurit), der sich zu anderen Neuronen erstreckt, bevor er sich in zahllose Endungen verzweigt, die Signale übermitteln. Insgesamt verfügt das Gehirn schätzungsweise über mehr als eine Billiarde Verbindungen zwischen den Zellen, deren Zusammenspiel die menschlichen Gedanken und Gefühle erzeugt.

Das Gehirn – mehr als ein genial konstruierter Computer

Selbst ein winziges Segment des Gehirns – so viel, wie in einem Teelöffel Platz hätte – ist komplexer als der leistungsfähigste bisher gebaute Computer.

Angesichts der Billiarde von Verbindungen zwischen den einzelnen Gehirnzellen ist es nicht verwunderlich, daß es auch zu Störungen kommt. Die fehlerhafte Weiterleitung von Signalen durch das Hängenbleiben von chemischen Botenstoffen in Synapsenspalt (siehe die Abbildung auf Seite 56) kann mit einem Telefongespräch verglichen werden, bei dem jedes zweite Wort durch statische Störungen blockiert wird.

Ein Ausschnitt aus dem Gehirn

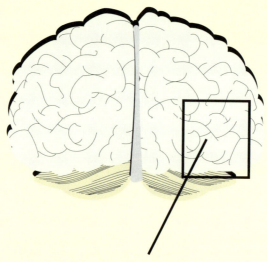

Übertragung (Transmitter)

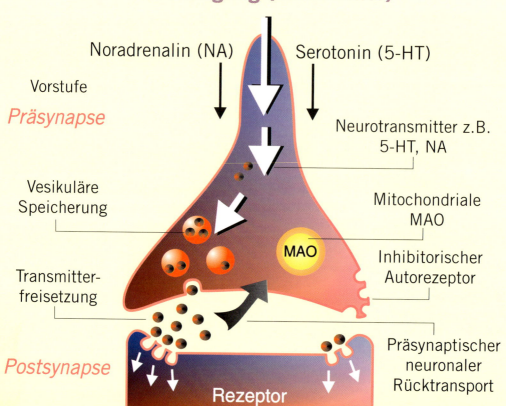

- Noradrenalin (NA)
- Serotonin (5-HT)
- Vorstufe
- *Präsynapse*
- Neurotransmitter z.B. 5-HT, NA
- Vesikuläre Speicherung
- Mitochondriale MAO
- Transmitterfreisetzung
- Inhibitorischer Autorezeptor
- *Postsynapse*
- Rezeptor
- Präsynaptischer neuronaler Rücktransport

Wie die Medikamente wirken

Zu den wichtigsten Kommunikationskanälen im Gehirn zählen jene, die sich an den Ausläufern der Axonen einer Zelle und den Dendriten einer anderen befinden. Dort hält ein winziger Zwischenraum – der sogenannte synaptische Spalt oder die Synapse – die Zellen leicht voneinander getrennt. Botschaften, die von einer Zelle an eine andere weitergegeben werden, passieren das Axon unter anderem in Form eines elektrischen Signals. Dieses regt das Endfüßchen des Axons zur Ausschüttung von Molekülen chemischer Substanzen an, die sogenannten Neurotransmitter. In weniger als einer Zehntausendstel Sekunde erreichen die Neurotransmitter die Rezeptoren des nächstgelegenen Dendriten, der die Botschaft in der empfangenden Zelle in ein elektrisches Signal zurückverwandelt.

Es gibt sehr viele verschiedene Neurotransmitter, von denen die meisten noch nicht genau bestimmt sind. Man nimmt an, daß jeder auf eine bestimmte Art von Signal spezialisiert ist. Manche Neurotransmitter sind besonders für Emotionen, wie zum Beispiel Traurigkeit, Wut oder Freude, verantwortlich. Andere scheinen für Gedanken oder Sinneseindrücke verantwortlich zu sein; sie übermitteln Signale, die ausgelöst werden, wenn wir Farben sehen, eine Glocke läuten hören oder die Hitze eines brennenden Streichholzes spüren.

Manchmal bleiben die Neurotransmitter im Synapsenspalt hängen, bis sie entweder von der ausschüttenden Zelle resorbiert, von Enzymen abgebaut oder schließlich doch vom Zielneuron aufgenommen werden. Umfangreiche Forschungsarbeiten haben ergeben, daß dadurch die Übermittlung anderer wichtiger Impulse blockieren werden kann oder daß Signale fehlerhaft weitergeleitet werden.

Die Wirkung von Antidepressiva

Von allen Formen der Antidepressiva wird angenommen, daß sie – je nach Art des Medikaments durch etwas unterschiedliche Mechanismen – die Menge beziehungsweise Konzentration der Monoamine, das sind jene Neurotransmitter, die für die Stimmungsregulierung wesentlich sind, beeinflussen. Die bekanntesten Antidepressiva sind die Trizyklischen Antidepressiva (TCA) und die Monoaminoxidasehemmer (MAO-Hemmer). In den letzten Jahren sind noch weitere Wirkstoffe eingeführt worden, die sogenannten Antidepressiva der zweiten Generation, die als selektive Serotonin-Wiederaufnahmehemmer (SSRI)

Vertiefende Informationen

Obwohl jeder Arzt Antidepressiva verschreiben kann, verfügen Psychiater über die größte Erfahrung in der Auswahl und Dosierung des individuell zuträglichen Mittels

bezeichnet werden. TCA und MAO-Hemmer beeinflussen die Monoamine Norepinephrin und Serotonin, während Antidepressiva der zweiten Generation sich hauptsächlich auf den Serotoninspiegel auswirken. Die SSRI haben weniger Nebenwirkungen, wirken aber genauso gut wie die klassischen Antidepressiva. Deswegen werden sie wohl in Zukunft häufiger verschrieben.

In der Regel dauert es einige Wochen, bis die Medikamente voll zu wirken beginnen; manche Symptome wie Schlaflosigkeit können aber schneller verschwinden. Die meisten Antidepressiva werden in allmählich ansteigenden Dosen verschrieben, bis der entsprechende Blutspiegel erreicht ist (dies ist von Patient zu Patient verschieden) und die Nebenwirkungen noch toleriert werden können. Nicht jedes Medikament wirkt bei jedem Menschen, und auch die Nebenwirkungen sind unterschiedlich. Es ist also wichtig, von einem Arzt behandelt zu werden, der über all diese Medikamente bestens informiert ist und Erfahrung mit ihrer Anwendung hat.

Informationen zu den Trizyklischen Antidepressiva (TCA)

Trizyklische Antidepressiva – wie Amitryptilin, Imipramin, Doxepin – zählen zu den ältesten Präparaten und sind seit Jahren in der Behandlung der meisten Formen von Depression bewährt. Obwohl die verschiedenen TCA bei einer durchschnittlichen Depression als etwa gleich wirksam gelten, wird man in bestimmten Fällen aufgrund individueller Eigenheiten das eine Präparat einem anderen vorziehen. So verursachen manche TCA Schläfrigkeit und werden deshalb speziell

bei Personen eingesetzt, die an Schlaflosigkeit leiden. Andere haben eine anregende, das heißt antriebssteigernde Wirkung und empfehlen sich daher bei Personen, die antriebsgemindert sind. Allerdings ist gerade der letztgenannte Personenkreis auch der, der häufig unter Schlaflosigkeit leidet.

Risiken und Wechselwirkungen: TCA werden im allgemeinen nicht solchen Patienten verschrieben, die noch andere Krankheitsbilder, etwa ein Herzleiden oder ein urologisches Problem, haben. Gewöhnlich wird vor Beginn einer Behandlung mit Antidepressiva eine umfassende körperliche Untersuchung empfohlen.

TCA treten in Wechselwirkung mit verschiedenen, häufig benutzten Medikamenten und Drogen. Das trifft insbesondere auf

Wie die Medikamente wirken

Alkohol und Mittel gegen Bluthochdruck zu. Personen, die TCA nehmen und Alkohol trinken, werden schneller berauscht, und die Nebenwirkungen der TCA nehmen in der Regel zu. Die Kombination von TCA und blutdrucksenkenden Mitteln kann zu einem übermäßigen Abfall des Blutdrucks führen. Auch viele andere Medikamente, darunter Beruhigungsmittel, Schilddrüsenpräparate, orale Verhütungsmittel und blutverdünnende Präparate, haben Wechselwirkungen mit TCA. Eine TCA-Überdosis kann lebensbedrohliches Herzversagen oder Herzflimmern zur Folge haben. Personen, die befürchten, eine Überdosis genommen zu haben, oder die ernsthafte Nebenwirkungen verspüren, sollten sofort die Notaufnahme eines Krankenhauses aufsuchen. Dazu sollte man die Medikamentenpackung mitnehmen, damit das Krankenhauspersonal die Arznei rasch identifizieren und eine entsprechende Behandlung veranlassen kann.

Obwohl nicht bewiesen ist, daß Antidepressiva frühkindliche beziehungsweise Geburtsschäden verursachen, sollte ihre Verwendung während der Schwangerschaft und Stillzeit mit dem behandelnden Arzt besprochen werden

Informationen zu Monoaminoxidasehemmer (MAO-Hemmer)

Die MAO-Hemmer – zum Beispiel Tranylcypramin oder Phenelzin – gibt es etwa genauso lange wie die TCA. Wegen ihrer Risiken und Nebenwirkungen werden sie allerdings weniger häufig verschrieben und eher bei atypischen Depressionen eingesetzt. Die neuen sogenannten reversiblen MAO-Hemmer (zum Beispiel Moclobemid) zeigen viele dieser Nachteile nicht mehr; sie sind jedoch leider noch nicht so gut erprobt. Zudem wirken sie erst mit Verzögerung.

Risiken und Wechselwirkungen: Die MAO-Hemmer können mit einer Reihe von Nahrungsmitteln und Medikamenten in Wechselwirkung treten und eine sogenannte Hochdruckkrise auslösen, das ist ein plötzlicher, potentiell lebensbedrohlicher Anstieg des Blutdrucks. Personen, die diese Medikamente nehmen, und deren Angehörige sollten lernen, die ersten Anzeichen einer Hochdruckkrise zu erkennen: Herzklopfen, Brustschmerzen, Herzrhythmusstörungen, Schweißausbrüche, Übelkeit, Schwindel, Erbrechen und, am auffälligsten, starke, hämmernde Kopfschmerzen. Beim Auftreten eines dieser Symptome ist es dringend angezeigt, sich sofort in die Notaufnahme eines Krankenhauses zu begeben, wo die Hochdruckkrise rasch und wirksam behandelt werden kann. Diesem Risiko entgeht der Patient, indem er Nahrungsmittel und Medikamente meidet, die sogenannte Pressorsubstanzen (die einen Anstieg des Blutdrucks bewirken können) sowie

Bei MAO-Hemmern ist eine genau eingehaltene Diät wichtig, damit es nicht zu lebensbedrohlichen Hochdruckkrisen kommt

Vertiefende Informationen

Fragen Sie Ihren Arzt unbedingt nach einem Merkblatt, das Ihnen genaue Verhaltensregeln für die Zeit der Einnahme von MAO-Hemmern gibt

Tyramin enthalten (zum Beispiel Käse, Nüsse und vieles mehr). MAO-Hemmer eignen sich also nur für Personen, die bereit und imstande sind, sich strikt an die vom Arzt gegebenen Diätvorschriften zu halten.

MAO-Hemmer erhöhen die Wirkungen von Alkohol, Beruhigungsmitteln, angstlösenden Medikamenten und Schmerzpräparaten möglicherweise auf gefährliche Weise. Patienten, die eine Operation vor sich haben, werden die MAO-Hemmer vermutlich absetzen müssen, um ungünstige Reaktionen auf Medikamente auszuschließen, die ihnen vor, während und nach dem chirurgischen Eingriff verabreicht werden.

Zu beachten ist, daß die Wirkungen von MAO-Hemmern noch Tage und Wochen nach Absetzen der Medikamente anhalten. Noch Wochen später können die MAO-Hemmer somit gefährliche Wechselwirkungen auslösen. Die Vorschriften zur Ernährung und Medikamenteneinnahme sollten deshalb noch zwei Wochen nach Abschluß der Therapie eingehalten werden.

Wie die Medikamente wirken

Informationen zu Antidepressiva der zweiten Generation: Serotonin-Wiederaufnahmehemmer (SSRI)

Obwohl sich keines dieser neueren Psychopharmaka als eindeutig wirksamer erwiesen hat als die TCA oder MAO-Hemmer, ist ihre Entwicklung aus zwei Gründen wichtig. Erstens könnten sich die Medikamente bei Personen bewähren, denen andere Antidepressiva nicht geholfen haben. Zweitens haben sie ein anderes Spektrum von Nebenwirkungen. So werden SSRI (zum Beispiel Fluoxetlin), Paroxetin (Seroxat), Fluvoxamin (Fevarin) inzwischen vielfach eingesetzt, weil sie bei den meisten Menschen weniger unerwünschte Begleiterscheinungen zeigen und vor allem kaum eine Gewichtszunahme hervorrufen.

Risiken und Wechselwirkungen: Trotz aller Vorteile sind auch die Antidepressiva der zweiten Generation nicht frei von Nebenwirkungen oder Risiken. Je nach Präparat können sie ein erhöhtes Risiko von epileptischen Anfällen mit sich bringen. Sie können die Sexualfunktionen beeinträchtigen sowie Erregungszustände, Schlaflosigkeit, Kopfschmerzen, Übelkeit, Gewichtsveränderungen und Schwindel auslösen. Berichte, daß Fluoxetin das Selbstmordrisiko erhöht, sind jedoch unbewiesen.

Ebenso wie bei anderen Antidepressiva lassen die meisten Nebenwirkungen nach, sobald sich der Körper an das Medikament gewöhnt hat. Zusätzliche Präparate wie Betablocker gegen Erregung und Benzodiazepine gegen Schlaflosigkeit können den Anpassungsprozeß unterstützen. Die Warnungen vor Einnahme während der Schwangerschaft und Stillzeit sind dieselben wie bei anderen Antidepressiva. Zusätzliche Nebenwirkungen und Risiken könnten bei zunehmender Erfahrung mit diesen Medikamenten zutage treten.

Ebenso wie bei anderen Antidepressiva kommt es zu Wechselwirkungen dieser Arzneimittel mit Beruhigungsmitteln und Alkohol sowie möglicherweise auch mit Schilddrüsenpräparaten, Blutverdünnungsmitteln, Blutdruckmedikamenten, oralen Verhütungsmitteln und krampflösenden Arzneien.

Antidepressiva der zweiten Generation gehen oft mit geringeren unerwünschten Begleiterscheinungen einher als TCA und MAO-Hemmer. Sie sind eindeutig weniger belastend für das Herz als die TCA, und das Risiko einer Hochdruckkrise ist geringer als bei den MAO-Hemmern

Vertiefende Informationen

Näheres zu den psychologischen Behandlungsverfahren

»Psychotherapie« ist ein allgemeiner Oberbegriff für recht unterschiedliche Verfahren, die als Einzel- oder Gruppentherapie bei psychischen und körperlichen Leidenszuständen und Problemen angewendet werden können. Das wesentliche Merkmal ist dabei, daß ein qualifizierter Therapeut genau umschriebene und wissenschaftlich begründete psychologische Methoden einsetzt, um dem Patienten zu helfen.

Nach dem gegenwärtigen Stand der Forschung wissen wir, daß die Kognitive Verhaltenstherapie und die – allerdings in Deutschland noch nicht sehr verbreitete – Interpersonale Psychotherapie bei der Behandlung von Depressionen und bei der Verhinderung von Rückfällen in die Depression besonders wirksam sind. Darüber hinaus ist auch auf die sogenannte unterstützende Psychotherapie hinzuweisen, die häufig zusätzlich zu einer medikamentösen Behandlung eingesetzt wird.

Vieles passiert in einer Psychotherapie: 25 Elemente

Die Liste von 25 Stichpunkten soll eine Übersicht geben, was typischerweise in einer psychologischen Behandlung von Depressionen passiert. Alle 25 Elemente werden nicht immer vorkommen, da die Behandlung auf die persönliche Situation und Lebensgeschichte des Patienten zugeschnitten ist. Die ersten zehn Punkte und der letzte Punkt sollten jedoch in jedem Fall zu einer professionellen und erfolgversprechenden Therapie der Depression gehören.

Wenn nötig, wird viele Male von neuem daran gearbeitet, heilsamere Denk- und Verhaltensweisen zu entwickeln, einzuüben und im Alltag zu erproben. Rückschläge gehören zum Gesundungsprozeß

Die psychologische Behandlung wirkt vor allem dadurch, daß ein unterstützender, vertrauensvoller und kompetenter Therapeut (oder eine Therapeutin) sich der depressiven Patientin (oder dem Patient) ohne Vorbehalte und Vorbedingungen annimmt. Durch interessiertes und systematisches Fragen bringt ein Therapeut allmählich Struktur in die schwierige, oft verworrene Lage des Patienten. Auf diese Weise werden allmählich die Schlüsselprobleme deutlich. Zusammenhänge mit typischen Auslösern (zum Beispiel ungünstige Denk- und Verhaltensmuster) kristallisieren sich heraus.

Nachdem in der Therapie die Dinge herausgearbeitet wurden, die der Veränderung bedürfen, werden Ziele klarer, und Lösungswege tun sich auf. Wichtig ist dafür die Mitarbeit des Patienten – auch in Form von Übungen zwischen den Behandlungsterminen. Die Patienten erleben so, daß andere Erfahrungen möglich sind. Rückschläge und

Näheres zu den psychologischen Behandlungsverfahren

Die 25 Schritte einer Psychotherapie bei Depressionen
1. Hilfe bei Krisenbewältigung, Entlastung, Unterstützung.
2. Gründliche Diagnostik und Erhebung der Lebensgeschichte.
3. Genaue Analyse konkreter Lebenssituationen.
4. Anleitung zur Selbstbeobachtung.
5. Erklärung für die Erkrankung erarbeiten und begründen.
6. Problembereiche erkennen und benennen.
7. Ziele für die Therapie absprechen und festlegen.
8. Wege zur Erreichung der Ziele benennen und verständlich erklären.
9. Erkennen des Zusammenhangs von Handeln und Fühlen.
10. Sammeln von angenehmen, positiv erlebten Aktivitäten.
11. Maßnahmen zur Aktivierung und Strukturierung.
12. Protokoll führen, gestufter Aufbau angenehmer Tätigkeiten.
13. Abbau unangenehmer, belastender Tätigkeiten und Erfahrungen.
14. Maßnahmen zur Verbesserung der Problembewältigung.
15. Erproben dieser neuen Strategien zur Problemlösung.
16. Erkennen von Hemmungen und Verhaltenslücken im Sozialkontakt.
17. Aufbau von Fertigkeiten; Übungen und Rollenspiele.
18. Arbeiten am Zusammenhang von Gedanken und Gefühlen.
19. Erkennen negativ verzerrter Denkmuster.
20. Erarbeiten von alternativen Denk- und Handlungsmustern.
21. Einüben dieser neuen Sichtweisen und Fertigkeiten im Alltag.
22. Erkennen von sozialen Konflikten, Enttäuschungen, Verlusten.
23. Bearbeiten dieser Problembereiche, Erarbeiten von Lösungen.
24. Einbezug des Lebenspartners, der Familie.
25. Umgang mit Krisen, zukünftigen Problemen, Schwierigkeiten.

Rückfälle in die alten Gewohnheiten sind in diesem Prozeß normal und werden als willkommene Gelegenheit angesehen, um erneut Zusammenhänge zu analysieren, Lösungen zu erarbeiten, einzuüben und Veränderungen zu erproben.

Vertiefende Informationen

Die verschiedenen psychotherapeutischen Ansätze bestimmen, welche Art von Auskünften der Therapeut vom Klienten erwartet, sowie die Art und Weise, wie er die Betroffenen zu beeinflussen sucht, um die Therapieziele zu erreichen.

In der unterstützenden Psychotherapie steht die Aussprache und Bearbeitung aktueller Lebensprobleme im Vordergrund

> **Wirkfaktoren einer erfolgreichen psychologischen Behandlung**
> 1. Ein bemühter, aktiver, geduldiger, sicherer und beruhigender Therapeut.
> 2. Eine vertrauensvolle und gute Beziehung zwischen Patient und Therapeut.
> 3. Systematische Analyse und strukturiertes Vorgehen, konsequentes Bearbeiten der zentralen Probleme.
> 4. Klare Ziele, verständliche Erklärungen und Lösungswege (ein gemeinsames Erklärungsmodell).
> 5. Anwendung konkreter Maßnahmen, Übungen und Aufgaben.
> 6. Akzeptieren von Rückschlägen, die jeweils geduldig analysiert, bearbeitet und überwunden werden.

In der *unterstützenden Psychotherapie* ist der Therapeut vorrangig daran interessiert, dem Patienten Gelegenheit zu geben, sich auszusprechen und seine Gefühle offen zu äußern. Er konzentriert sich überwiegend auf aktuelle Lebensprobleme und unmittelbare Ängste und Sorgen.

In der *Verhaltenstherapie* wird es dem Therapeuten zunächst mit verschiedenen Übungen und Aufgaben sowie Befragungen darum gehen, dem Patienten zu verdeutlichen, wie bestimmte problematische Verhaltensweisen, Gewohnheiten, Denkstile und Ereignisse das Verhalten, das Denken, das Fühlen und den Körper beeinflussen und möglicherweise die Depression verursacht haben. Er wird mit dem Patienten dann entsprechend abgestimmte gedankliche (= kognitive) sowie praktische Verhaltensübungen festlegen, um Veränderungen zu bewirken (siehe auch die Hinweise ab Seite 67).

Bei den *tiefenpsychologisch*en Ansätzen hingegen versucht der Therapeut, die vermeintlichen tieferen Ursachen der emotionalen Probleme, die in der Regel seit der Kindheit im sogenannten Unbewußten

Näheres zu den psychologischen Behandlungsverfahren

»versteckt« sind, aufzudecken. Hier wird versucht, dem Patienten zu verdeutlichen, welche Auswirkung frühere Emotionen und Beziehungen auf gegenwärtige Erfahrungen haben, um so eine neue Auseinandersetzungsform mit der Gegenwart und Zukunft zu entwickeln.

Idealerweise findet der Therapeut nach einer gründlichen Beurteilung der Schwierigkeiten und gegenwärtigen Lebensumstände des Patienten die jeweils geeignetste Behandlungsform. Oft hängt die empfohlene therapeutische Methode jedoch von den Qualifikationen des konsultierten Therapeuten beziehungsweise den vorhandenen äußeren Möglichkeiten ab. Obwohl sich manche Psychotherapeuten ausschließlich auf eine Therapieform mit ihren speziellen Techniken beschränken, hat die Mehrzahl aller Therapeuten Qualifikationen in mehr als einer Therapieform und setzt in ihrer Praxis eine Vielzahl von Methoden verschiedener therapeutischer Schulen ein. Wir wollen uns im folgenden auf ein besonders bewährtes Psychotherapieverfahren konzentrieren: die kognitive Verhaltenstherapie.

Wie verläuft eine Verhaltenstherapie?

Alle verhaltenstherapeutischen Methoden zur Behandlung von Depressionen basieren auf ausführlichen Gesprächen mit einem Therapeuten. In diesen Gesprächen muß zunächst für den einzelnen Patienten geklärt werden, durch welche Bedingungen die Symptome verursacht wurden und aufgrund welcher Bedingungen sie aktuell aufrechterhalten werden. Dieses Verfahren nennt man die Verhaltensanalyse. Sie wird meist mit einer ausführlichen Aufklärung über die Ursachen und die Behandlung einer Depression verbunden.

Am Beginn der Therapie stehen die Verhaltensanalyse und Aufklärung (Psychoedukation)

Eine unverzichtbare Hilfe sind dabei sogenannte Selbstbeobachtungsverfahren, zum Beispiel das Depressionstagebuch. Ein solches Tagebuch dient dazu, die alltäglichen Aktivitäten zusammen mit einer Beurteilung der Stimmungslage festzuhalten. Auf diese Weise findet man bereits früh in der Therapie heraus, welche Umstände und Situationen die Depression bessern und welche eher zu einer Verschlimmerung beitragen.

Ein Beispiel für die Eintragungen im Depressionstagebuch finden Sie auf Seite 66. Siehe auch die Anleitungen zum Ausfüllen im Anhang

Darauf aufbauend werden dann ganz verschiedene Verfahren eingesetzt, die allerdings im Fall der Depressionsbehandlung immer drei Hauptinhalte haben:

Vertiefende Informationen

Depressionstagebuch

	Montag 1.11.		Dienstag 2.11.		Mittwoch 3.11.	
7-8	Bett, dösig	--	Bett, müde	--	Seit 4³⁰ wach	
8-9	Seit 5⁰⁰ wach Bett	--	Mit Mann aufgestanden	-+	Bett	--
9-10	müde Bett	--	Frühstück mit Mann	+-	Telefon Hausarzt	--
10-11	endlich auf! Bad	-	Bad Aufräumen	-	Aufgestanden Bad	-
11-12	Frühstück Zeitung	-	Sofa Zeitung	--	Arztbesuch Warten	--
12-13	Sofa, Telefon Nachbarin sonst	-	" "	--	Gespräch Heilgymnastik	-+
13-14	Reden mit Nachbarin	+-	Nachbarin Mittagessen	-+	Apotheke Einkaufen	+
14-15	allein, Versuch zu lesen	--	Besuch Tochter	+-	Wieder zuhause, Sofa	--
15-16	Sofa, TV	-	Wieder allein TV	--	Eingeschlafen abgeschlagen	--
16-17	Sofa, TV Telefon Tochter	-+	" "		Telefon Tochter	-+
17-18	Sofa, Versuch zu lesen	--	Essen vorbereiten	-+	Abendessen Mann	+
18-19	Küche, Abendessen vorber.	-+	Mann kommt Essen	--	Aufräumen Reden Mann	-
19-20	Mann kommt Essen	+-	Aufräumen Bett	--	Bad genommen	+
20-24	TV, Zeitung müde	--	geschlafen		Bett	-

❑ = Beurteilen Sie möglichst nach jeder Stunde Ihre Stimmung:
– – : für sehr schlechte,
– : für schlechte,
– +: für weder noch,
+: für gute und
+ + : sehr gute Stimmung

Näheres zu den psychologischen Behandlungsverfahren

1. Sie zielen auf eine Durchbrechung des Teufelskreises von Depression und Rückzugsverhalten ab (siehe dazu das Fallbeispiel auf Seite 10 und die dazugehörige Abbildung auf Seite 15).
2. Sie schließen praktische Übungen zur aktiven Depressionsbewältigung in kleinen Schritten ein.
3. Sie vermitteln Strategien, wie man sich beim Umgang mit Depression selbst helfen kann.

Zunächst versucht also der Therapeut, Strategien zu vermitteln, die zu einer Steigerung der Aktivität und zu einer realistischeren Betrachtungsweise des Lebens führen. Außerdem bewirken diese Strategien, daß der Betroffene mit der Zeit wieder bewußt wahrnimmt, daß er sein Leben aktiv gestalten und beeinflussen kann, anstatt sich hilflos ausgeliefert zu fühlen.

Um den Teufelskreis aus Rückzug, Passivität und Aufrechterhaltung der depressiven Symptome zu durchbrechen, wird meist versucht, den Tagesablauf zu strukturieren und den Betroffenen zu verschiedenen Tätigkeiten zu aktivieren. Der Therapeut kann Anregungen geben und Aufgaben stellen, die dazu führen, daß der Patient

- körperlich aktiver wird,
- mit einer wachsenden Zahl von alltäglich wichtigen Tätigkeiten beschäftigt ist und
- sich nach und nach als angenehm empfundenen Tätigkeiten widmet.

Parallel dazu wird er immer umfangreichere kognitive Verfahren einsetzen. Was wir darunter verstehen, ist im folgenden Abschnitt erklärt.

Depressives Denken und Fühlen in der Kognitiven Verhaltenstherapie verändern

Viele depressive Beschwerden sind direkte Folge und Begleiterscheinung einer typisch depressiven Denkweise, wie sich der Betroffene selbst sieht und wie er die Dinge beurteilt, die ihm geschehen.

In der Therapie lernt der Patient zu »testen«, wie wirklichkeitsnah und situationsgerecht sein Denken ist. Auf diesem Weg wird er sich davor bewahren, auf alles, was auf den ersten Blick unerfreulich erscheint, traurig oder niedergeschlagen zu reagieren. Der Betroffene lernt, seine negativen Gedanken zu erkennen und sie in einem zweiten Schritt zu korrigieren, indem er realistischere und damit hilfreichere Gedanken an ihre Stelle setzt.

Vertiefende Informationen

Beispiel: Immer wenn Sie bemerken, daß Sie sich trauriger fühlen, versuchen Sie, zurückzudenken und sich zu erinnern, welcher Gedanke Ihr Gefühl der Traurigkeit ausgelöst oder vergrößert hat. Dieser Gedanke kann eine Reaktion auf etwas sein, was vor kurzem geschehen ist, vielleicht innerhalb der letzten Stunde oder der letzten paar Minuten, oder es kann eine Erinnerung an ein lange zurückliegendes Ereignis sein. Der Gedanke kann zum Beispiel um ein negatives Selbstbild kreisen, um übermäßige Selbstkritik, um die negative Interpretation von Ereignissen oder um negative Erwartungen.

Depressive neigen dazu, Versagen und Unglück als unvermeidlich anzusehen und sich hierfür persönlich verantwortlich zu fühlen. Sie halten meist alle Versuche, ihr Leben in positive Bahnen zu lenken, für vergebliche Mühe

Themenbereiche, mit denen negative, die Depression mit auslösende Gedanken verbunden sind

- *Negatives Selbstbild.* Diese Vorstellung kommt oftmals zustande, wenn Sie sich mit anderen Menschen vergleichen, die attraktiver, erfolgreicher, befähigter oder intelligenter zu sein scheinen: »Ich bin ein viel schlechterer Arbeiter als Peter.« Wenn Menschen Sie nicht mögen oder Sie zu verachten scheinen, grübeln Sie lange über sich selbst nach oder über Vorfälle aus der Vergangenheit. Sie werden sich vielleicht für wertlos, langweilig oder dumm halten und annehmen, daß Freunde und Verwandte froh wären, wenn sie nichts mehr mit Ihnen zu tun hätten.
- *Selbstkritik und Selbsttadel.* Sie fühlen sich traurig, weil Sie Ihre Aufmerksamkeit auf Ihre angenommene Unzulänglichkeit konzentrieren. Sie tadeln sich dafür, daß Sie Ihre Arbeit nicht so gut machen, wie Sie denken, daß Sie es tun sollten. Sie kritisieren sich dafür, daß Sie das Falsche sagen oder anderen mit ihrem Mißgeschicken schaden. Wenn irgend etwas schlecht läuft, werden Sie wahrscheinlich denken, daß es Ihr eigener Fehler ist. Sogar erfreuliche Ereignisse können bei Ihnen ungute Gefühle verursachen, wenn Sie denken: »Ich verdiene das nicht, ich bin es nicht wert.«

Während Sie sich geringschätzen, stellen Sie gleichzeitig übermäßige Forderungen an sich selbst. Sie verlangen eventuell von sich, eine perfekte Hausfrau zu sein oder ein Mensch mit un-

Näheres zu den psychologischen Behandlungsverfahren

fehlbarer beruflicher Urteilskraft. Stets denken Sie: »Ich sollte bessere Arbeit geleistet haben.«
- *Negative Interpretation von Ereignissen.* Sie können immer wieder feststellen, daß Sie in negativer Art und Weise auf Situationen reagieren, die Sie unberührt ließen, wären Sie nicht depressiv. Wenn Sie zum Beispiel Schwierigkeiten haben, einen Bleistift zu finden, denken Sie vielleicht: »Alles ist für mich so schwer.« Wenn Sie einmal etwas verschwenderisch Geld ausgegeben haben, fühlen Sie sich vielleicht so bedrückt, als ob Sie eine große Summe verloren hätten. Die Kommentare anderer Leute deuten Sie als Mißbilligung. Sie glauben, daß die anderen Sie nicht mögen, obwohl deren Verhalten objektiv nicht darauf schließen läßt.
- *Negative Erwartungen für die Zukunft.* Es wird für Sie vielleicht zur Gewohnheit zu denken, daß Sie niemals über Ihre Depression hinwegkommen werden oder Ihre Probleme immer andauern könnten. Wenn eine Sache vor Ihnen liegt, neigen Sie vielleicht dazu, eine negative Vorhersage zu treffen, zum Beispiel: »Ich bin sicher, daß ich dabei versage.« Eine depressive Frau hatte immer dann, wenn sie für Gäste kochte, die Angst, sie würde das Essen verderben. Ein Mann, der eine Familie zu versorgen hatte, malte sich aus, daß sein Chef ihn wegen irgendeines Fehlers hinauswerfen würde.

Unrealistisches negatives Denken führt zu Depressionen und verschlimmert sie. Der Depressive macht dabei wahrscheinlich einen oder mehrere der unten aufgelisteten »Fehler«. Beim Lesen werden Sie vielleicht herausfinden, welche auf Sie zutreffen:
- *Übertreiben:* Sie sehen gewisse Ereignisse auf extreme Art und Weise. Wenn Sie zum Beispiel ein alltägliches Problem haben, denken Sie, alles werde in einer Katastrophe enden. Sie übertreiben Probleme und möglichen Schaden, den Sie verursachen könnten. Gleichzeitig unterschätzen Sie Ihre Fähigkeit, mit Schwierigkeiten fertig zu werden. Sie ziehen willkürliche Schlußfolgerungen und glauben, Ihre Art zu denken sei korrekt.

Vertiefende Informationen

- *Übergeneralisieren*: Sie machen eine weitreichende allgemeine Aussage, die das Negative betont, zum Beispiel: »Niemand liebt mich«, »Ich bin ein vollständiger Versager«, »Ich werde niemals das bekommen, was ich im Leben brauche«.
- *Das Positive ignorieren*: Sie sind von negativen Dingen beeindruckt und erinnern sich meistens auch nur an die negativen Ereignisse. Als einer depressiven Frau geraten wurde, ein Tagebuch zu führen, bemerkte sie auf einmal, daß sie sehr häufig Positives erlebte, dem sie aber vorher keine Beachtung schenken konnte, weil sie die Tendenz hatte, positive Ereignisse zu vergessen oder aus dem einen oder anderen Grund für unwichtig zu erklären.

Um den Teufelskreis von negativen Gedanken und negativen Gefühlen zu durchbrechen, empfehlen sich eine Reihe von Übungen:

- *Der tägliche Plan:* Versuchen Sie, für jede Stunde des Tages Aktivitäten zu planen. Erstellen Sie eine Liste von Aktivitäten, denen Sie jeden Tag Beachtung schenken wollen. Beginnen Sie mit den leichtesten Aktivitäten, und gehen Sie dann zu den schwierigeren über. Haken Sie jede Aktivität mit einem E für Erfolg und einem V für Vergnügen ab, wenn sie erledigt ist. Dieser Plan kann auch als fortlaufender Bericht Ihrer Erfahrungen über Erfolg und Vergnügen dienen.

Näheres zu den psychologischen Behandlungsverfahren

Wochenplan: Erfolge (E) und Vergnügen (V)

	Montag 1.3.		Dienstag 2.3.		Mittwoch	
7–8	Aufwachen sich aufsetzen	E	Aufwachen sich aufsetzen	E		
8–9	Bad Frühstück	E	Geschäft Schreibtisch	E		
9–10	Bett machen Aufräumen	E	ich schaffe nichts!!			
10–11	Busfahrt zu Museum	E V	Pause Sprache mit Kollegen	E V		
11–12	Museum	E V	gute Sitzung	E V		
12–13	Wieder zuhause		Mittagspause Arztbesuch	E		
13–14	Zeitung lesen	E	"			
14–15	eingenickt! schlapp!!		Komme gut voran	E V		
15–16	Einkaufen Telefon	E	Viel geschafft!!!	E V		
16–17	Besuch Arbeitskollege	V	nehme Akten nach Hause	E V		
17–18	"	V	Einkaufen Abendessen	E		
18–19	Abendessen TV	E	Sofa, TV	E		
19–20	TV		Schalte nicht abschalten			
20–24	Bad Bett		Bett			

Setzen Sie ein E daneben, wenn Sie es geschafft haben, ein V, wenn es Ihnen Vergnügen gemacht hat.

Vertiefende Informationen

- *Die »Erfolg-und-Vergnügen«-Methode:* Es gibt viele Dinge, die Sie auch ohne »Vergnügen« erfolgreich bewältigen können. Oft sind Ihnen diese Aktivitäten gar nicht bewußt. Schreiben Sie zum Beispiel alle auch noch so »normalen« Ereignisse eines Tages auf – also ganz einfache Routineaufgaben im Haushalt und bei der Arbeit. Beurteilen Sie anhand dieser Liste jede Situation. Vergeben Sie ein E (= Erfolg) für alle Situationen, die Sie bewältigt haben und ein V (= Vergnügen) für alle Situationen, die Ihnen Spaß machten (siehe Seite 71).
- *Das ABC des Veränderns von Gefühlen:* Manche der depressiven Menschen glauben, daß es in ihrer schlechten Verfassung ganz natürlich ist, sich traurig zu fühlen. Tatsächlich sind ihre Gefühle aber von den Gedanken und Interpretationen abgeleitet, die sie in bestimmten Situationen haben.

Wenn Sie sorgfältig über ein kürzlich erlebtes Ereignis, das Sie gestört und deprimiert hat, nachdenken, sollten Sie drei Teile des Problems wahrnehmen können. Die meisten Menschen sind sich nur der Punkte 1. und 3. bewußt:

1. Das Ereignis: Zum Beispiel Ihre Frau vergißt Ihren Geburtstag.
2. Ihre Gedanken: Was Sie tatsächlich unglücklich macht, ist die Schlußfolgerung, die Sie aus dem Ereignis ziehen.
3. Ihre Gefühle: Sie fühlen sich gekränkt, enttäuscht und traurig. Sie denken: »Die Vergeßlichkeit meiner Frau bedeutet, daß sie mich nicht mehr liebt; ich bin für sie nicht mehr attraktiv.« Sie meinen vielleicht, daß Sie ohne die Zuwendung und Bewunderung Ihrer Frau niemals glücklich und zufrieden sein können. Es ist jedoch gut möglich, daß Ihre Frau gerade beschäftigt war oder Ihren Enthusiasmus für Geburtstage nicht teilt. Sie haben also nicht wegen des Ereignisses selbst gelitten, sondern wegen Ihrer ungerechtfertigten Schlußfolgerung.

- *Die Überprüfung der Gedanken:* Sobald Sie ein trauriges Gefühl bemerken, lassen Sie Ihre Gedanken an sich vorbeiziehen. Versuchen Sie, sich zu erinnern, was Ihnen gerade durch den Kopf gegangen ist. Diese Gedanken können Ihre »automatischen« Reaktionen auf etwas sein, was Ihnen gerade widerfahren ist, zum Beispiel die zufällige Bemerkung eines Freundes, der Erhalt einer Rechnung, ein Ausbruch von Magenschmerzen, ein Tagtraum.

Näheres zu den psychologischen Behandlungsverfahren

Sie werden wahrscheinlich herausfinden, daß diese Gedanken sehr negativ waren, Ihnen aber realistisch erscheinen.
- *Die Gedankenkorrektur:* Versuchen Sie, Ihre Gedanken zu korrigieren, indem Sie jede negative Aussage, die Sie sich selbst gegenüber gemacht haben, mit einer positiveren, abgewogeneren Aussage beantworten. Sie werden dadurch nicht nur eine realistischere und damit fast immer hilfreichere Sichtweise bei sich entdecken, sondern Sie werden sich auch besser fühlen.

Beispiel:

Automatische Gedanken	Verzerrung	Realistischere, hilfreiche Gedanken
Ich komme ständig zu spät.	Übertriebene Verallgemeinerung.	Ich komme nicht immer zu spät. Wenn ich nur an all die Termine denke, bei denen ich pünktlich war!
Alle werden mich schief ansehen.	Gedankenlesen, falsche Vorhersage.	Einige sind vielleicht enttäuscht, aber davon bricht die Welt nicht zusammen. Vielleicht bin ich die nicht einzige, die spät kommt.
Ich bin nun mal trottelig.	Etikettierung.	Ich habe die Dinge gut im Griff und bin kein Trottel! Unsinn! Ich mache ziemlich viele Dinge richtig.
Ich mache nie etwas richtig.	Verallgemeinerung.	Unsinn! Ich mache ziemlich viele Dinge richtig.

Vertiefende Informationen

- *Die Zwei-Spalten-Technik:* Schreiben Sie Ihre automatischen Gedanken, die bei einer bestimmten Situation ablaufen, in eine Spalte und Ihre alternativen Erklärungen zu den automatischen Gedanken in eine gegenüberliegende Spalte.

Beispiel:

Alles-oder-nichts-Denken	*Realistischere Alternative*
Heute ist ein schrecklicher Tag.	Es sind ein paar unangenehme Dinge passiert, aber es hat keine Katastrophe gegeben.
Mir ist das Essen total mißraten.	Es ist wahrscheinlich nicht das beste Essen, doch man kann es genießen.
Niemand liebt mich.	Unsinn! Ich habe Freunde und Verwandte. Vielleicht bekomme ich nicht so viel Liebe, wie ich gern hätte, doch das werde ich versuchen zu ändern.
Ich bin ein Versager.	Ich habe in verschiedenen Dingen Erfolg gehabt, in einigen hat es nicht geklappt – genau wie bei allen anderen Menschen auch.
Jetzt komme ich zum alten Eisen.	Ich kann nicht mehr so viel tun wie früher. Ich bin alt, doch ich kann immer noch was Neues schaffen. Jetzt zählen andere Dinge. Warum sollte ich mich daran nicht auch erfreuen?

Näheres zu den psychologischen Behandlungsverfahren

- Einwände entkräften, sich selbst aktivieren: Viele depressive Menschen nehmen an, daß sie erst dann wieder etwas tun können, wenn der Antrieb und die Anregung erneut da sind. Mit dieser Annahme liegen sie jedoch falsch. Nicht der Antrieb, sondern die Handlung ist ausschlaggebend: Man muß zunächst pumpen, und dann erst fließt Wasser! Menschen, die darauf warten, irgendwann in der Stimmung zu sein, etwas zu unternehmen, versäumen viel und halten sich in ihrer depressiven Stimmung. Vielmehr gilt: erster Schritt: Handlung, zweiter Schritt: Anregung und Interesse, dritter Schritt: mehr Handlung.

Sie können sich zum Beispiel helfen, indem Sie Ihre automatischen Einwände und Zweifel entkräften. Das Beispiel verdeutlicht den Ablauf eines solchen Selbstgesprächs.

Gedankliche Einwände	Entkräftung
Ich sollte wirklich die Wohnung putzen, aber ich bin dazu nicht in der Verfassung.	Wenn ich erst einmal damit begonnen habe, wird sich die Lust schon einstellen. Es ist ein gutes Gefühl, etwas geschafft zu haben.
Aber die Wohnung ist so dreckig, das Putzen wird ewig dauern.	Mit dem Staubsauger wird es gar nicht lange dauern. Zumindest kann ich schon mal mit einem Teil anfangen.
Aber ich bin so müde.	Dann fange ich wenigstens an, bevor ich mich ausruhe.
Ich ruhe mich lieber gleich aus und schaue TV.	Klar kann ich das tun, aber ich werde mich nicht so recht wohl fühlen, solange diese Arbeit im Hintergrund wartet.
Ich bin einfach zu müde.	Das kann nicht sein. Jetzt fange ich einfach mal an.

Vertiefende Informationen

Was Sie als Angehöriger, Partner oder Freund tun können

Eine Depression ist für fast alle Angehörigen, Partner und Freunde des Betroffenen eine große Herausforderung. Menschen, die noch nie an einer Depression gelitten haben, fällt es oft schwer, spontan genügend Verständnis für die Erkrankung aufzubringen. Zudem leiden Nahestehende meist mit; sie lassen sich von den Gefühlen der Verzweiflung und Niedergeschlagenheit »anstecken«, was oft den Patienten noch hilfloser macht.

Depression und Probleme in Partnerschaft und Ehe

Wenn Ihr Partner von einer Depression betroffen ist, wird in der Regel auch die Beziehung erheblich belastet. Das alltägliche Zusammenleben ist durch Traurigkeit, mangelnde Energie und Interesselosigkeit verändert. Sowohl die sexuelle als auch die emotionale Beziehung ist davon betroffen. Das Leben zu zweit erscheint abgekühlt und verarmt. Besonders wenn schon vor der Depression massive Konflikte bestanden haben, die möglicherweise zu den Auslösern der Depression zählen, ist jetzt eine hilfreiche Einstellung gegenüber dem Betroffenen meist schwierig.

Erwarten Sie also keine schnelle, sofortige Lösung der Probleme. Bedenken Sie auch, daß Vorwürfe – zum Beispiel von Lieblosigkeit, Untreue oder Desinteresse – dem Depressiven in keiner Weise helfen. Wenn umgekehrt der Betroffene an Sie derartige Vorwürfe richtet, denken Sie daran, daß diese in erster Linie durch seine Krankheit bedingt sind. Ein depressiver Mensch kann die Dinge nicht mehr wirklichkeitsgerecht sehen. Er urteilt statt dessen aufgrund seiner negativen Sicht und hat auch nicht mehr die Fähigkeit, an die Besserung seines Zustands zu glauben.

Allgemeine Anregungen zum Umgang mit depressiv Erkrankten

- Zu Beginn einer depressiven Erkrankung ist es vor allem wichtig, dem Betroffenen darin zu unterstützen, professionelle Hilfe bei einem Arzt oder einem Psychotherapeuten zu finden. Ermutigen Sie Ihren Angehörigen oder Freund dabei. Helfen Sie ihm, den ersten Schritt zu machen – gegebenenfalls indem Sie ihn zum Hausarzt

---

Unabhängig davon, wie erfolgreich eine Behandlung letztlich auch sein mag, eine schnelle Verbesserung und die Lösung oft schon jahrelang andauernder Probleme sind in einer depressiven Phase selten

Die Aufforderung: »Reiß dich doch zusammen!« hilft in keiner Weise. Denken Sie immer daran, daß Depression eine Erkrankung ist, deren Behandlung Zeit und Geduld braucht

Was Sie als Angehöriger, Partner oder Freund tun können

oder Nervenarzt begleiten. Der erste Arztbesuch ist in der Regel die größte Barriere; hat man sie überwunden, ist schon viel erreicht.

- Sie als Angehöriger oder Freund sollten sich bewußt sein, daß Sie durch Ihr persönliches Verhalten den Patienten entlasten können. Ebenso können Sie ihn zusätzlich belasten und überlasten, indem Sie ihn auffordern, sich zusammenzureißen. Denken Sie daran, daß der Mangel an Energie und Tatkraft nichts mit Willensschwäche zu tun hat, sondern daß der Betroffene während der depressiven Erkrankung nicht anders kann.

- Bringen Sie so viel Hilfe, Unterstützung und Geduld auf, wie Sie können, und seien Sie sich im klaren, daß weder die medikamentöse noch die psychologische Behandlung einen sofortigen Effekt zeigt. Versuchen Sie, sich in den seelischen Zustand eines Depressiven einzufühlen. Geben Sie dem Depressiven zu verstehen, daß Sie seine Krankheit, seine Probleme und Gefühle so akzeptieren, wie sie sind. Machen Sie dem Betroffenen keinesfalls Vorwürfe, und reagieren Sie nicht mit Unverständnis und Ungeduld, wenn bestimmte Aufgaben nicht erfüllt werden. Depressiven Menschen scheint oft der Wille, gesund zu werden, zu fehlen; ist dies typisch für die Depression.

- Finden Sie sich damit ab, daß für eine bestimmte Zeit Ihr Lebenspartner wie gelähmt erscheint und kein Interesse und keine Freude an den Dingen des Lebens mehr aufbringt. Versuchen Sie jedoch, der Negativität entgegenzuwirken, ohne den Betroffenen zu verurteilen. Wenn Ihr Partner/Ihre Partnerin zum Beispiel sagt: »Es hat keinen Sinn. Ich werde nie wieder arbeiten können«, dann antworten Sie: »Es ist natürlich, daß du das so empfindest, wenn du depressiv bist. Warten wir ab, wie du darüber denkst, wenn es dir besser geht.« Oberflächliche Aufheiterungsversuche sollten Sie allerdings unterlassen, auch die Flucht in den Urlaub oder eine fremde Umgebung ist bei einer tiefen Depression keine Lösung.

- Machen Sie sich selbst nichts vor. Wenn jemand, der Ihnen viel bedeutet, depressiv ist, dann werden Sie mit Sicherheit Gefühle wie Traurigkeit, Wut, Verärgerung und Frustration empfinden. Um der depressiven Person helfen zu können, sollten Sie diese Gefühle annehmen und versuchen, sie vielleicht durch Gespräche mit Freunden zu bewältigen. Aber geben Sie der depressiven Person nicht die Schuld

Mangel an Energie und Tatkraft in der Depression ist nicht Willensschwäche und selbstverschuldetes Versagen, sondern Ausdruck der Krankheit

Sprechen Sie als Angehöriger mit Freunden über Ihre eigene Verzweiflung und Verärgerung. Geben Sie nicht der depressiv erkrankten Person die Schuld

Vertiefende Informationen

Möglicherweise treten plötzlich Schul- und Leistungsprobleme bei einem Kind auf oder es beginnt Verhaltensstörungen zu entwickeln, wenn ein Familienmitglied unter Depressionen leidet. Es ist dann wichtig, mit dem Kind offen über die Erkrankung des Erwachsenen zu sprechen

daran, daß Sie sich so fühlen. Darüber hinaus bieten viele Organisationen Selbsthilfe, Austausch und Ratschläge auch für Angehörige an.
• Beziehen Sie den Depressiven behutsam wieder in alle Aktivitäten ein, ohne ihn zu überfordern. Erwarten Sie aber nicht zuviel. Denken Sie daran, daß die Depression sich nur in kleinen Schritten bessert. Ermutigen Sie ihn oder sie dazu, auszugehen und zusammen mit Ihnen oder mit anderen kleine Unternehmungen zu machen. Ablenkung von depressiven Gedanken und Grübeleien ist sehr wichtig. Auch wenn es der Betroffene nicht lange in Gesellschaft aushält, so hilft dies doch etwas. Versuchen Sie auch, die Freunde des Betroffenen über seine Depression zu informieren und so zu erreichen, daß sie sich ebenfalls nicht entmutigen lassen und den Kontakt aufrechterhalten.
• Sprechen Sie im Kreis der Familie möglichst frühzeitig alle auftretenden Probleme (Beruf, finanzielle Konsequenzen, unerledigte Alltagsgeschäfte) an, und teilen Sie diese eventuell auch dem behandelnden Arzt und Therapeuten mit. Oft sind auch Ihre Kinder durch die Krankheit betroffen und reagieren mit Verunsicherung oder gar selbst mit Störungen. In einem solchen Fall sollten auch die Kinder über die Krankheit aufgeklärt werden. Selbst die Kleinsten verstehen es schon, wenn man deutlich macht, daß das veränderte Ver-

Was Sie als Angehöriger, Partner oder Freund tun können

halten des Elternteils auf eine Krankheit zurückzuführen ist und nicht etwa die Schuld des Kindes ist.

- Nehmen Sie Selbstmordideen auf keinen Fall auf die leichte Schulter. Sie zeigen immer an, daß der Betroffene ernsthafte Schwierigkeiten hat. Gehen Sie darauf ein, hören Sie zu, und teilen Sie Selbstmordgedanken eventuell auch dem behandelnden Therapeuten oder Arzt mit, beziehungsweise überreden Sie den Betroffenen, sie mitzuteilen. Ist der Betroffene nicht in Therapie, dann veranlassen Sie selbst eine Behandlung für ihn – vor allem wenn Sie Verhaltensweisen beobachten, die auf Selbstmordvorbereitungen hindeuten können (Medikamente horten, Beschäftigung mit Waffen oder potentiell tödlichen Gegenständen).

- Da die medikamentöse Behandlung vor allen Dingen zu Beginn der Therapie eine Reihe von unangenehmen Begleiterscheinungen hat, ist es für Sie als Angehörigen oder Freund wichtig, dem Patienten dabei zu helfen, mit diesen anfänglichen Problemen zu leben und nicht gleich von sich aus die Dosis zu verändern oder gar die Therapie abzubrechen. Sie sollten auch darauf achten, daß der Betroffene nur die vom Arzt verschriebenen antidepressiv wirkenden Medikamente einnimmt und nicht etwa unkontrolliert weitere Mittel schluckt. Jede Veränderung sollte mit dem Arzt abgesprochen werden. Helfen Sie dem Patienten auch, die telefonischen und persönlichen Kontakte mit dem Arzt und Therapeuten einzuhalten.

- In der Verhaltenstherapie und Psychotherapie ist zwar ähnlich wie bei den Medikamenten bald eine Wirkung zu beobachten. Es wird aber auch häufiger zu Krisen beim Patienten kommen, da oft belastende und problematische Erlebnisse und Verhaltensweisen in der Therapie bearbeitet werden. Bedenken Sie jedoch, daß eine Psychotherapie in der Regel in Stadien erfolgt und daß »Krisen« im Verlauf der Therapie Voraussetzung für langfristige Verbesserungen sind. In einigen Fällen wird der Therapeut Sie als Angehörigen auch einladen, zu einigen Partnergesprächen oder zu Informationsgesprächen zu kommen, um Sie über den Verlauf der Therapie und möglicherweise auch über praktische Hilfestellungen, die von Ihnen ausgehen könnten, zu informieren.

- Falls es zu einem Abbruch der Behandlung gekommen ist, kann durch die Hinzuziehung eines Psychotherapeuten beziehungsweise

Für viele Patienten ist es bereits hilfreich zu wissen, daß man Depressionen gut behandeln kann und daß die Therapie immer in kleinen Schritten verläuft

Seien Sie darauf gefaßt, daß es im Zuge der Aufarbeitung problematischer Erlebnisse im Rahmen einer Psychotherapie zu Krisen kommen kann. Sie gehören jedoch zum Gesundungsprozeß dazu

Vertiefende Informationen

Psychiaters, der nicht an der laufenden Behandlung des Patienten beteiligt war, aufgeklärt werden, ob ein Konflikt zwischen dem Patienten und dem behandelnden Arzt die Ursache war. Doch letztlich liegt es am Arzt und am Patienten selbst, zu einer für alle Beteiligten annehmbaren Lösung zu gelangen.

- Falls der Erkrankte sich weigert, weiter die verordneten Medikamente zu nehmen, dann bedenken Sie auch stets, daß nicht Sie es sind, der an der Krankheit beziehungsweise den Nebenwirkungen der Medikamente leidet. Vielmehr muß die Person, die das Medikament nimmt, letzten Endes mit beidem klarkommen und entscheiden, ob der Nutzen der verordneten Arzneimittel schwerer wiegt als deren unerfreuliche Nebenwirkungen. Verlieren Sie bei alledem nicht die Zuversicht. Obwohl der Patient die verordneten Medikamente gegenwärtig nicht nach Vorschrift nimmt oder sogar ganz ablehnt, könnte es doch sein, daß er zu einem späteren Zeitpunkt erkennt, daß eine Therapie nötig ist, um seine Lebensqualität zu verbessern.

Manchmal akzeptieren Menschen mit schweren Krankheiten wie einer Bipolaren Störung eine lebenslange Einnahme von Medikamenten erst, nachdem sie wiederholt erfahren haben, daß sie ohne diese Mittel nicht gesund bleiben können

Wie findet man einen geeigneten Therapeuten?

Die Entscheidung, wegen psychischer Probleme professionelle Hilfe zu suchen, ist grundsätzlich schwierig. Viele Betroffene sehen es als persönliches Versagen an, wenn sie nun Hilfe von außen benötigen. Andere sind so schwer erkrankt, daß sie ohne Unterstützung nicht mehr die Kraft aufbringen, sich in die Behandlung eines Spezialisten zu begeben. Hinzu kommt die schwierige Entscheidung, zu wem man gehen und welche Art von Therapie oder Behandlung wählen soll. Grundsätzlich sind zwar viele verschiedene Berufsgruppen an der Diagnose, Therapie und Langzeitbetreuung von Personen mit psychischen Störungen beteiligt, Anlaufstellen für psychische Störungen und insbesondere depressive Erkrankungen sollten aber grundsätzlich nur zur Diagnostik und Therapie zugelassene Ärzte und Psychologen sein. Diese werden meist über Ihren Hausarzt per Überweisung vermittelt.
Zugelassene und qualifizierte Ärzte und Diplompsychologen arbeiten in der Regel in Praxen, in psychotherapeutischen, psychosomatischen und psychiatrischen Ambulanzen sowie in psychiatrischen, psychotherapeutischen oder psychosomatischen Krankenhäusern. Im einzelnen sind dies:

Über die von der Krankenkasse zugelassenen Psychotherapeuten informiert Sie Ihr Hausarzt oder Ihre Krankenkasse

Wie findet man einen geeigneten Therapeuten?

- Psychiater oder Nervenärzte (also Ärzte mit einer Facharztausbildung),
- von der Kasse zugelassene ärztliche Psychotherapeuten. Dies können Ärzte aller Fachrichtungen sein, die eine Zusatzausbildung in Psychotherapie durchlaufen haben. Die Ausrichtung erkennen Sie an der auf dem Arztschild angeführten Zusatzbezeichnung (»Psychotherapie«, »Verhaltenstherapie« usw.),
- von der Krankenkasse zugelassene Psychotherapeuten,
- von dem Berufsverband Deutscher Psychologen zugelassene Klinische Psychologen (Diplompsychologen).

Beachten Sie, wenn Sie unter Psychologen nach professioneller Hilfe suchen, darauf, daß Sie es wirklich mit einem Diplompsychologen zu tun haben. Der Begriff »Psychologe« ist nicht hinreichend gesetzlich geschützt.

Darüber hinaus ist darauf hinzuweisen, daß es auch viele qualifizierte Diplompsychologen gibt, die aus verschiedenen Gründen nicht, wie oben beschrieben, zugelassen sind. Auch gibt es viele Hausärzte, die für eine Behandlung von Depressionen qualifiziert sind. Allerdings kann in diesen Fällen nicht generell davon ausgegangen werden, daß die Behandlung tatsächlich fachlich kompetent durchgeführt wird.

Die Behandlung depressiv Erkrankter sollte nur in den Händen der zur Diagnostik und Therapie zugelassenen Ärzte und Psychologen liegen

Bitte beachten Sie:
- Nur Ärzte dürfen Medikamente verschreiben.
- Nur Ärzte können über labortechnische Untersuchungen klären, ob bei Ihrer Depression organische Gründe eine Rolle spielen.
- Nicht alle Psychotherapeuten sind in den in diesem Buch beschriebenen Verfahren ausgebildet. Achten Sie deshalb zum Beispiel auf den Hinweis »Verhaltenstherapie«, wenn es um eine Behandlung einer akuten Depression geht.
- Andere Berufsgruppen, die weder zu den Ärzten noch Diplompsychologen zählen, sind nicht umfassend genug ausgebildet, um gut begründete und eigenverantwortliche Diagnostik durchzuführen und über eine Therapie zu entscheiden.
- Beratungsstellen, Kriseninterventionszentren, schulpsychologi-

Vertiefende Informationen

sche Dienste sowie die Telefonseelsorge können bei depressiven Erkrankungen lediglich Hinweise auf Therapeuten, Hilfseinrichtungen und Überbrückungshilfen geben.
- Es ist üblich, daß Psychiater und andere Ärzte während verschiedener Phasen der Behandlung mit Psychotherapeuten zusammenarbeiten. Medikamente und Psychotherapie sind kein Widerspruch, sondern eher die Regel!
- Für Kinder und Jugendliche gibt es zusätzlich vielerorts spezielle Anlauf- und Behandlungsstellen: die Kinder- und Jugendlichenpsychiater und die Kinder- und Jugendlichenpsychotherapeuten.
- Vor Aufnahme einer Psychotherapie ist generell ein sogenanntes Gutachterverfahren erforderlich, bei dem Ihr Therapeut einen vertraulichen Bericht und Behandlungsplan erstellt, der von einem unabhängigen Gutachter überprüft wird. Erst danach wird die eigentliche Behandlung beginnen können.

Einige Hinweise für einen ersten Besuch beim Arzt oder Psychotherapeuten

Der Psychotherapeut ist da, um zu helfen, um zuzuhören und um einen Therapieweg festzulegen – nicht, um Sie zu kritisieren oder Ihr Verhalten und Empfinden zu tadeln

Wenn Sie an einen Psychiater oder Psychotherapeuten überwiesen werden, ist es natürlich, daß Sie sich fragen und vielleicht Sorgen machen, was während der ersten Sitzungen geschehen wird. Viele Menschen fühlen sich unbehaglich, wenn sie einem Fremden ihre persönlichen Lebensumstände offenbaren sollen – obwohl es sich dabei um einen Arzt oder anderen Therapeuten handelt, der darauf spezialisiert ist, dem Patienten bei seinen quälenden Problemen zu helfen. Anderen Menschen ist es peinlich zuzugeben, daß sie außerstande sind, mit ihren Problemen allein fertig zu werden. Manche Menschen sorgen sich, ihre Symptome könnten bedeuten, daß sie »verrückt« sind oder daß sie der Therapeut aufgrund ihres Problems irgendwie negativ beurteilen wird. Dies sind alles normale Gefühle. Man sollte sich stets vor Augen halten, daß professionelle Helfer, die auf psychische Probleme spezialisiert sind, ein weitgespanntes Verständnis vieler Spielarten menschlichen Verhaltens haben.

Vertiefende Informationen

Um den Therapeuten zu unterstützen und größtmöglichen Nutzen aus der Behandlung zu ziehen, sollten Sie als Patient die folgenden Verhaltensregeln beachten:
- Seien Sie ehrlich. Wenn Sie nicht aufrichtig und offen sind, dann machen Sie es Ihrem Therapeuten schwer, das Problem richtig zu verstehen.
- Äußern Sie Ihre Gedanken und Gefühle freimütig.
- Haben Sie Vertrauen zu den professionellen Fähigkeiten des Therapeuten. Machen Sie sich bewußt, daß er oder sie viele Patienten mit ähnlichen Problemen behandelt hat und ein Experte für menschliches Verhalten ist.
- Haben Sie keine Geheimnisse vor Ihrem Therapeuten, und kümmern Sie sich nicht um den Eindruck, den Sie auf ihn machen. Sie werden die Achtung und Anteilnahme Ihres Therapeuten nicht verlieren, gleichgültig, wie schwierig und belastend Ihr Problem auch ist.
- Wenn Sie dem Therapeuten über Ihr Problem berichten, werden Sie vielleicht starke Emotionen wie heftige Wut oder Traurigkeit empfinden. Scheuen Sie jedoch nicht davor zurück, über Ihre Gefühle zu sprechen beziehungsweise Ihren Therapeuten wissen zu lassen, wie Sie sich fühlen.
- Stellen Sie sich, vielleicht sogar schriftlich, eine Liste von Fragen zusammen. Zögern Sie nicht, den Therapeuten/die Therapeutin zu fragen, was seine oder ihre Meinung über Ihr Problem ist und welche Art von Behandlung er oder sie empfehlen will. Informieren Sie sich auch hinsichtlich der Risiken, Komplikationen, der Vorzüge und Kosten der Behandlung.
- Schämen oder genieren Sie sich nicht, wenn Sie merken, daß es Ihnen schwerfällt zu reden. Über emotional brisante Dinge zu sprechen löst oft starke Angst aus.

Anhang

Hilfen zur Tagesstrukturierung

Der erste Schritt: Depressionstagebuch
Bitte halten Sie für zwei bis drei Wochen dreimal am Tag stichwortartig alle Ereignisse und Aktivitäten fest. Versuchen Sie, Ihre Eintragungen jeweils in einem Abstand von ungefähr drei bis vier Stunden zu machen. In der Spalte »Bewertung« geben Sie bitte für jede Stunde eine Stimmungsbeurteilung ab:
– – für sehr schlecht, – für schlecht, +/– für weder/noch,
+ für gut, ++ für sehr gut.

Wie finde ich heraus, was mir guttut und was meine Depression verschlimmert?

Der zweite Schritt: Den Tagesablauf planen und verändern
Ihre Aufgabe ist nun, jeden Tag mit Aktivitäten zu füllen. Tragen Sie für jede Stunde eine Aktivität ein, die Sie durchführen wollen. Nehmen Sie sich nur Aktivitäten vor, die Sie auch sicher schaffen können, also setzen Sie sich anfangs nur leicht erreichbare Ziele, und überfordern Sie sich nicht. Bei der Auswahl der Aktivitäten kann Ihnen die Liste aufbauender Aktivitäten ab Seite 90 eine Hilfe sein. Tragen Sie möglichst zunächst Routinetätigkeiten ein, zum Beispiel Frühstück, Mittagessen oder auch Arztbesuch. Füllen Sie dann die leeren Spalten auf.

Wie kann ich meinen Tagesablauf strukturieren?

Achten Sie darauf, nach vermutlich unangenehmen Tätigkeiten immer eine wahrscheinlich halbwegs angenehme Tätigkeit zu wählen. Achten Sie ferner darauf, sich realistische Zeitvorgaben zu machen. Jede Aktivität sollte dann möglichst alle drei bis vier Stunden bewertet werden: Setzen Sie ein E (= Erfolg) hinter die Aktivität, wenn Sie sie geschafft haben, und ein V (= Vergnügen) wenn sie Ihnen sogar etwas Spaß gemacht hat. Je mehr E und V am Ende der Woche in der Liste zu finden sind, um so besser!

Der Tagesplan hilft Ihnen, Ihre Erfolge deutlicher zu sehen und diese guten Zeiten bewußt in Ihren Alltag einzuplanen

Anhang

Depressionstagebuch

	Montag	Dienstag	Mittwoch
7–8			
8–9			
9–10			
10–11			
11–12			
12–13			
13–14			
14–15			
15–16			
16–17			
17–18			
18–19			
19–20			
20–24			

❏ = Beurteilen Sie möglichst nach jeder Stunde Ihre Stimmung:
– – : für sehr schlechte,
– : für schlechte,
– +: für weder noch,
+: für gute und
+ + : sehr gute Stimmung

Hilfen zur Tagesstrukturierung

Donnerstag		Freitag		Samstag		Sonntag	

Anhang

Depressionstagebuch und Tagesplan

	Montag	Dienstag	Mittwoch
7–8			
8–9			
9–10			
10–11			
11–12			
12–13			
13–14			
14–15			
15–16			
16–17			
17–18			
18–19			
19–20			
20–24			

Setzen Sie ein E daneben, wenn Sie es geschafft haben, ein V, wenn es Ihnen Vergnügen gemacht hat.

Hilfen zur Tagesstrukturierung

Donnerstag		Freitag		Samstag		Sonntag	

Anhang

Aufbauende und stärkende Aktivitäten

Diese Liste ist eine Sammlung möglicher aufbauender und der Depression entgegenwirkender Aktivitäten. Jeder sollte für sich persönlich herausfinden, was für ihn angenehm, stärkend, ablenkend und antidepressiv wirkt. Die Liste soll Sie anregen, über die für Sie geeigneten Tagesaktivitäten nachzudenken, um Sie in Ihren Tagesplan einzubauen.

- Ins Grüne fahren
- Teure, exklusive Kleidung tragen
- Für einen guten Zweck spenden
- Sich über Sport unterhalten
- Eine neue Bekanntschaft machen (gleiches Geschlecht)
- Gut vorbereitet eine Prüfung bestehen
- In ein Pop-Konzert gehen
- Federball spielen
- Ausflüge oder Urlaubsfahrten planen
- Für sich selbst Dinge einkaufen
- Am Strand sein
- Sich künstlerisch betätigen (Malerei, Bildhauerei, Zeichnen, Filme drehen usw.)
- Kletterfahrten oder Bergtouren machen
- Die Bibel oder andere religiöse Schriften lesen
- Golf oder Minigolf spielen
- Zimmer oder Haus auf- oder umräumen
- Nackt herumlaufen
- Zu einer Sportveranstaltung gehen
- Tips und Ratschläge zur Selbsthilfe lesen
- Romane, Erzählungen, Theaterstücke oder Gedichte lesen
- In ein Lokal gehen
- Zu Vorträgen gehen
- Auto fahren
- Ein Lied oder ein Musikstück texten oder komponieren
- Computer spielen
- Eine Sache klipp und klar sagen
- Segeln, Motorboot oder Kanu fahren
- Seinen Eltern eine Freude bereiten
- Antiquitäten restaurieren, Möbel aufarbeiten
- Fernsehen
- Selbstgespräche führen
- Zelten
- Sich politisch betätigen
- An technischen Dingen arbeiten (Auto, Fahrrad, Haushaltsgeräte usw.)
- Positive Zukunftspläne schmieden

Aufbauende und stärkende Aktivitäten

- Karten spielen
- Eine schwierige Aufgabe meistern
- Lachen
- Puzzle, Kreuzworträtsel usw. lösen
- An einer Hochzeit, Taufe, Konfirmation usw. teilnehmen
- Jemanden kritisieren
- Zusammen mit Freunden oder Bekannten essen
- Volkshochschulkurs besuchen
- Tennis spielen
- Eine Dusche nehmen
- Lange Strecken fahren
- Holz- oder Schreinerarbeiten ausführen
- Romane, Erzählungen, Theaterstücke oder Gedichte schreiben
- Sich mit Tieren beschäftigen
- Mit einem Flugzeug fliegen
- Erkundigungsgänge machen (von gewohnten Straßen abweichen, unbekannte Gegenden erforschen usw.)
- Eine offene und ehrliche Unterhaltung führen
- In einem Chor singen
- Über sich selbst oder seine Probleme nachdenken
- Sich beruflich engagieren
- Zu einer Party gehen
- Zu kirchlichen Veranstaltungen gehen (Wohltätigkeitsveranstaltungen, Vorträge, Basare usw.)
- Zu Versammlungen von gemeinnützigen oder sozialen Vereinen gehen
- An einer Tagung teilnehmen
- Einen Luxus- oder Sportwagen fahren
- Ein Musikinstrument spielen
- Skilaufen
- Sich leger kleiden
- Sein Haar kämmen oder bürsten
- Beim Laienschauspiel mitmachen
- Ein Nickerchen machen
- Mit Freunden zusammen sein
- Lebensmittel einmachen oder einfrieren, Vorräte anlegen
- Schnell fahren
- Ein persönliches Problem lösen
- Ein Bad nehmen
- Vor sich hin singen
- Billard spielen
- Mit seinen Enkelkindern zusammen sein
- Schach oder Dame spielen
- Mit künstlerischen Materialien arbeiten (Ton, Schmuck, Leder, Perlen, Weben usw.)
- In den Zirkus oder Zoo gehen
- Make-up auflegen, sein Haar richten
- Etwas entwerfen oder zeichnen
- Leute besuchen, die krank, inhaftiert oder sonstwie in Schwierigkeiten sind

Anhang

- Bowling spielen gehen
- Tiere beobachten
- Garten-, Landschafts- oder Hofarbeit verrichten
- Fachliteratur oder ein Sachbuch lesen
- Neue Kleidung tragen
- Tanzen
- In der Sonne sitzen
- Motorrad fahren
- Nur so herumsitzen und nachdenken
- In geselliger Runde etwas trinken
- Einen Vergnügungspark besuchen
- Sich über Philosophie oder Religion unterhalten
- Um Geld spielen
- Etwas planen oder organisieren
- Friedhof besuchen
- Den Geräuschen in der freien Natur zuhören
- Verabredungen treffen, um mit jemandem zu flirten
- Eine lebhafte Unterhaltung führen
- Rennen fahren
- Radio hören
- An einem sportlichen Wettbewerb teilnehmen
- Leute einander vorstellen, von denen man annimmt, sie könnten sich gut verstehen
- Geschenke machen
- Zu Gerichtsverhandlungen gehen
- Sich massieren lassen
- Den Himmel, Wolken oder einen Sturm beobachten
- Sich im Freien aufhalten (in einen Park oder Garten gehen, picknicken, grillen usw.)
- Basketball oder Volleyball spielen
- Der Familie etwas kaufen
- Fotografieren
- Eine Rede oder einen Vortrag halten
- Landkarten studieren
- Dinge aus der Natur sammeln (wilde Früchte oder Beeren, Steine, Treibholz usw.)
- Seine finanziellen Angelegenheiten regeln
- Saubere Kleidung tragen
- Eine Anschaffung oder Investition tätigen (Auto, Computer, Haushaltsgeräte usw.)
- Jemandem helfen
- Sich um eine neue Arbeitsstelle bewerben
- Witze hören
- Eine Wette gewinnen
- Über die Kinder oder Enkel sprechen
- Eine neue Bekanntschaft machen (anderes Geschlecht)
- Über die eigene Gesundheit sprechen
- Gut essen
- Etwas für seine Gesundheit tun (die Zähne in Ordnung bringen lassen, sich eine neue

Aufbauende und stärkende Aktivitäten

Brille verschreiben lassen, seine Ernährungsweise umstellen usw.)
- In der Stadt herumbummeln
- Ringen oder boxen
- Schießsport betreiben
- In einer Musikgruppe mitspielen
- Wandern
- Ein Museum oder eine Ausstellung besuchen
- Tagebuch schreiben
- Eine Aufgabe gut ausführen
- Freizeit genießen
- Angeln gehen
- Etwas verleihen
- Arbeitgebern, Lehrern usw. eine Freude bereiten
- Jemanden beraten
- In ein Fitneß-Center, eine Sauna usw. gehen
- Etwas Neues lernen
- Jemandem Komplimente machen oder ihn loben
- Über Leute nachdenken, die man mag
- Mit seinen Eltern zusammen sein
- Reiten
- Telefongespräche führen
- Tagträumen
- Blätter, Sand, Kieselsteine usw. herumkicken
- Boccia spielen
- Zu einem Klassentreffen, Clubabend oder Seniorentreffen gehen
- Berühmte Leute sehen
- Ins Kino gehen
- Küssen
- Allein sein
- Essen kochen
- Einen »Neunmalklugen« hereinlegen
- Sich im Haus nützlich machen
- Weinen
- An einem Treffen oder einer Feier der Familie teilnehmen
- Eine Party oder ein gemütliches Beisammensein veranstalten
- Haare waschen
- Jemandem Anweisungen erteilen
- Eine Blume oder Pflanze sehen oder riechen
- Parfum benutzen
- Jemandem zustimmen
- In Erinnerungen schwelgen, von früheren Zeiten sprechen
- Morgens früh aufstehen
- Ruhe finden
- Experimente oder andere wissenschaftliche Versuche durchführen
- Freunde besuchen
- Sich beraten lassen, einen Rat bekommen
- Beten
- Jemanden massieren
- Per Anhalter reisen
- Meditation oder Yoga betreiben
- Einem Kampf zusehen
- Mit Arbeits- oder Klassenkameraden sprechen

Anhang

Zehn goldene Regeln zum Überwinden der Depression

1. Setzen Sie sich grundsätzlich nur kleine, überschaubare Ziele!
2. Tun Sie möglichst Dinge, die Sie gut können und sicher bewältigen!
3. Erleben Sie auch das Erreichen kleiner Ziele als Erfolg!
4. Betätigen Sie sich körperlich! Bleiben Sie nicht im Bett! Stehen Sie soviel wie möglich auf!
5. Planen Sie im voraus jeden Tag möglichst genau (Stundenplan anlegen)!
6. Legen Sie eine Liste von eher angenehmen täglichen Routineaufgaben an, und arbeiten Sie diese im Stundenplan ab!
7. Nehmen Sie Ihre depressiven Gedanken nicht für bare Münze!
8. Bekämpfen Sie Ihre Neigung, sich zurückzuziehen! Unternehmen Sie etwas mit Freunden oder Angehörigen!
9. Ernähren Sie sich gesund!
10. Bemühen Sie sich um Hilfe bei Psychiatern oder Psychologen!

Register

Akutbehandlung 32, 34, 47
Anpassungsstörungen 21
Antidepressiva 38, 53–61
Auslöser von Depressionen 23, 25–28

Behandlung
  ambulante 36
  medikamentöse 37–40, 53–61
  psychologische 41–47, 62–75
  stationäre 35f.
  Verlauf 29, 34–37, 41, 62f.
Bipolare Störung 21
Benzodiazepine 61
Betablocker 61
Botenstoffe 25, 53–61

Definition der Depression als Krankheit 16
Diagnose 19ff., 31f.

Ehe-/Partnerschaftsprobleme 76

Fachleute zur Behandlung von Depressionen 31, 47f., 80–84

Heilkrampftherapie 35
Hirnstoffwechsel 25, 56

Lichttherapie 35
Lithium 39

Monoaminoxidasehemmer (MAO-Hemmer) 57–61

Nebenwirkungen von Medikamenten 38, 57–61
Neurotransmitter 25, 55ff.
Noradrenalin 25

Psychoanalyse/Tiefenpsychologie 46f., 64f.
Psychobiologisches Modell 53

Rückfallvorbeugung 34, 46, 51f.

Schlafentzug 35
Schweregrad der Depression 19
Selbsthilfe 47–51
Serotonin 25, 58
Serotonin-Wiederaufnahmehemmer 38, 57–61

Tagebuch 50f., 65, 85ff.
Tagesplan 70, 85, 88f.
Teufelskreis depressiver Beschwerden 14f.
Tranquilizer 39
Traurigkeit 6–9, 57
Trizyklische Antidepressiva 38, 57–61

Umgang mit depressiv Erkrankten 76–80

Vererbung 25
Verhaltenstherapie 42–46, 64–75
Verlauf der Depression 20f.
Vulnerabilität 23

Der Autor
Professor Dr. Hans-Ulrich Wittchen, Jahrgang 1951, ist Leiter der Klinischen Psychologie und Epidemiologie am Max-Planck-Institut für Psychiatrie in München und neben seiner Lehrtätigkeit an der Universität München Berater der Weltgesundheitsbehörde. Er ist Verfasser und Herausgeber zahlreicher Publikationen zur Entstehung von Angst, Depression und anderen psychischen Störungen. Im Mosaik Verlag erschien 1997 sein Buch »Wenn Angst krank macht«.

Das vorliegende Buch basiert in vielen Teilen auf dem von H.-U. Wittchen, H. J. Möller, A. Vossen, M. Hautzinger, S. Kasper und I. Heuser verfaßten »Hexal-Ratgeber Depression« (Karger Verlag, Basel u.a.).

Fotonachweis:
IFA Bilderteam/Bail & Spiegel: 51; -/Diaf: 12; -/Glatter: 21; -/Int. Stock: 2 r., 16; -/Janke: 70; -/Nägele: 2 l., 58; -/Noczynski: 11; -/NOK Photo: 7; /Otto 63: -/TPL: 3 r., 49; -/Weststock: 3 o., 3 l., 35, 39, 72
Tony Stone Bilderwelten/Bisell: 78; -/Bobbe: 60; -/Bumgarner: 52; -/Dolphin 43; -/Durfee: 37; -/Hannover: 27; -/Javorka: 18; -/Johnston: 54
ZEFA/Damm: 83, -/Mehlig: 30

Redaktion: Monika König
Lektorat: Christine Schrödl
Umschlagkonzeption: Design Team München
Umschlagfoto: Image Bank/Kaz Mori

Der Mosaik Verlag ist ein Unternehmen
der Verlagsgruppe Bertelsmann

© 1997 Mosaik Verlag GmbH, München / 5 4 3 2
Satz: Alinea GmbH, München
Druck und Bindung: Alcione, Trento
Printed in Italy
ISBN 3-576-10769-X